Überreicht durch:

DR. CASIMIR KATZ

GERNSBACH/BADEN

Hubert Glatz

Erinnerungen eines alten Holzwurms

Hubert Glatz

Erinnerungen eines alten Holzwurms

DEUTSCHER BETRIEBSWIRTE-VERLAG GMBH

© 1971 by Deutscher Betriebswirte-Verlag GmbH Gernsbach/Baden
Einbandgestaltung und Illustrationen: Elisabeth Grauel
Satz und Druck: Otto Bauer Buchdruck Offset,
Stuttgart 75 und Winnenden
Buchbinderei: Fr. Donner, Plüderhausen

Holz ist ein einsilbiges Wort,
aber dahinter steckt eine Welt
von Märchen und Wundern.

Theodor Heuss

Was wär' die Welt wohl ohne Holz!
Schon Noahs Arche preist die Bibel.
Es zeigt sich alter Städte Stolz
im Schmuck der bunten Fachwerkgiebel.

Venedig hat es aufgebaut
und des Columbus Caravellen,
die sich auf's Weltenmeer getraut.
Es gab der Bahn die Schienenschwellen.

Aus Holz, das immerdar in Gunst,
spann man schon notgedrungen Kleider,
vollbrachten Werke höchster Kunst
Veit Stoss und Tilman Riemenschneider.

Es hat, verwandelt in Papier,
Kultur und Wissen ausgetragen.
Als Mobiliar verdanken wir
ihm unser größtes Wohnbehagen.

Wenn im Kamin, des Hauses Stolz,
die Scheite wärmespendend brennen,
dann läßt der Keglergruß „Gut Holz"
erst seinen wahren Sinn erkennen.

H. Hannibal

GEGENFEUER

Ich entsinne mich noch genau an den Tag, mit dem diese Geschichte begonnen hat. Es war gegen Ende November und draußen, vor den Fenstern meines Büros, das wohlig warm war, lag dicker, feuchtkalter Nebel. Ich wollte gerade mein Jausenbrot auspacken, als das Telefon auf meinem Schreibtisch summte und ich zum Chef gerufen wurde. Das gefiel mir nun nicht besonders, denn Besprechungen mit dem Chef fanden selten vor elf Uhr statt und jetzt war's erst 9.45 Uhr. Ich fragte also meinen Kollegen Pollak, der im gleichen Zimmer saß:

„Was kann er schon wollen um die Zeit?"

„Sie haben beim Kauf der letzten Holzpartie um an Schilling pro Meter mehr bezahlt", meinte dieser.

„Stimmt. Aber dann hätt' uns die Konkurrenz die Partie, welche vor unserer Haustür liegt, weggeschnappt und dann hätt' er erst recht geschrien."

„Sehr richtig. Gehnse nur ruhig hinauf. Was kann er Ihnen tun? Nichts kann er Ihnen tun, leid kann er Ihnen tun."

9

Nachdem also solcherart mein Rückgrat gestärkt worden war, drückte ich meine Zigarette in der Aschenschale aus, zog meinen Mantel an und ging ins Hauptbüro-Gebäude hinüber.

Der Chef rauchte — wie gewöhnlich — eine seiner dicken Zigarren mit Bauchbinde und seine Brillengläser blitzten freundlich, als er mich einlud, auf dem Besuchersessel neben seinem Schreibtisch Platz zu nehmen.

„Setzen Sie sich, Hubsi", sagte er mit milder Stimme. „Zigarette?" und damit schob er mir die silberne Dose zu, die auf seinem Schreibtisch stand.

„Danke", sagte ich und bediente mich, wobei ich mich im Geiste fragte: Was will er, wenn er so scheißfreundlich ist? Ich war also auf der Hut. Und als er mir sogar Feuer für meine Zigarette reichte, begann ich ausgesprochen mißtrauisch zu werden.

„Passen Sie auf, Hubsi", begann er. „Sie wissen doch, daß der Graf Waldegg mein Freund ist?"

Ich wußte es zwar nicht, hatte auch niemals etwas Ähnliches gehört, nickte aber, als wäre das ein alter Hut und ich sah ihn erwartungsvoll an.

„Also, der Graf hat einen Kahlschlag bewilligt bekommen, weil durch seinen Wald eine Autostraße projektiert ist. Und das dabei anfallende Holz hab ich von ihm gekauft; über Harbs hab ich's gekauft und ich glaube, daß wir dabei ein gutes Geschäft machen."

„Wieviel haben Sie denn geschätzt?" fragte ich.

„Zweihundertfünfzig Festmeter. Aber ich bin überzeugt, daß wir gute dreihundert herausschlagen werden."

„Wieso wir? Schlägert der Graf nicht selber?"

„Schau'n Sie, Hubsi, wenn Sie sich a Portion Austern

bestellen und Sie vermuten, daß a Perle drin ist, werden Sie da den Wirt die Austern aufmachen lassen?" Seine Brillengläser funkelten mich schlau an.

Es wäre nun ein Fehler gewesen, zu sagen: ‚Es gibt kein Restaurant, das Austern geschlossen serviert, weil sie ja der Gast nicht selber aufbeißen kann.' So lächelte ich denn bewundernd über so viel Schläue und sagte:

„Sie denken auch an alles!"

„Na, sehnse", nickte er zufrieden. „Und diese Manipulation sollen Sie übernehmen, Hubsi." Er sah mich erwartungsvoll an, als hätte er mir eben einen Orden verliehen und paffte dicke Rauchwolken.

Mein Gesicht zeigte keinerlei Begeisterung, als ich fragte: „Jetzt vor Weihnachten?"

„Was heißt, jetzt vor Weihnachten? Wollen Sie das Holz vielleicht zu Ostern schlägern, wenn schon der Saft drin ist? Sie kennen doch die alte Bauernregel: ‚Schlägst du Holz um Sankt Kathrein, hält's hundert Jahr in Haus und Schrein!'"

„Schade!" murmelte ich.

„Was soll denn dabei schade sein?"

„Daß wir Papier daraus machen."

„Aber doch nicht aus dem ganzen! Es ist auch a Menge Blochholz dabei und das lassen wir dort auf der Säge aufschneiden. Der Graf hat nämlich auch ein Sägewerk und der dortige Sägeleiter — Bobek heißt er — ist ein ganz reizender Mensch, kann ich Ihnen sagen."

Da ich für Weihnachten schon andere Pläne hatte, wagte ich einzuwenden. „Wär' das nicht die gegebene Arbeit für'n Kollegen Pollak?"

„Ausgeschlossen!"

„Darf ich fragen, warum?"

„Weil der Pollak nicht Tarockspielen kann." Und als er mein erstauntes Gesicht sah, lachte er und begann zu erklären: „Schaun Sie, Hubsi, die Sache ist so. Der Graf langweilt sich in seinem großen Schloß — eigentlich ist's a alte Ritterburg — aber er spielt gern an Königsrufer. Dazu fehlt ihnen aber der vierte Mann. Und da hat er mich ausdrücklich ersucht: ‚Schicken's mir aber an jungen, intelligenten Menschen, der gut tarockieren kann.' Deswegen werden Sie auch im Schloß wohnen und nicht beim Ochsenwirt. Na, sehn Sie ... Der Pollak ist erstens nicht mehr jung und zweitens hat er keine Ahnung vom Tarockspiel ... Sie aber mit Ihren 25 Jahren ... und Witze können's auch erzählen ... also sind Sie da gerade recht."

„Na schön!" seufzte ich gottergeben. „Und wann soll die Sache losgehen?"

„Morgen. Morgen um sieben Uhr sind Sie gestellt. Ich fahr' mit Ihnen hin, werd' Sie mit den Leuten bekannt machen und Ihnen unterwegs alles erzählen, was Sie wissen müssen. Den Kaufvertrag laß' ich grad abschreiben, den bekommen Sie mit. Und heut' können's am Nachmittag daheim bleiben und packen ... Richtig! und noch was. Ziehen's morgen auf die Reise an besseren Anzug an. Wir sind nämlich zum Mittagessen auf's Schloß eingeladen. Sie wissen ja, daß der Graf mein Freund ist."

„Und wie lange schätzen Sie, daß die Sache dauern wird?" fragte ich schon im Abgehen.

„Das kommt ganz drauf an, wieviel Holzhacker und Frächter Sie dort auftreiben können. Das Forstpersonal wird Ihnen dabei an die Hand gehen."

„Und was meint das Forstpersonal, wie lang es dauern wird?" bohrte ich in sein Ausweichmanöver hinein.

„Was weiß ich? Aber ich glaub', daß Sie bis Ende Jänner oder Anfang Februar leicht fertig werden."

„Und was wird aus meinem Weihnachtsurlaub?" fragte ich bekümmert.

„Der ist allerdings in der Butter", sagte er heiter, „aber so ein — zwei Tage werden sich schon machen lassen."

So begann also die Sache und ich ahnte damals noch nicht, was da alles auf mich warten würde.

*

Am nächsten Tag fuhr ich also mit meinem Chef nach Xdorf und beim Mittagessen lernte ich die Familie des Grafen Waldegg kennen. Es ist mir daher möglich, die nun folgenden, recht eigenartigen Ereignisse aus eigener Anschauung so zu berichten, wie sie sich zugetragen hatten. Erst aber muß ich die einzelnen Familienmitglieder des gräflichen Hauses dem geneigten Leser vorstellen.

Da war also erst einmal der alte Graf Egon, der Besitzer des Fideikommisgutes, ein etwa 50jähriger, sehr gut und soigniert aussehender Herr, der sich sehr gerade hielt, wodurch er noch größer wirkte und meist mit einer Zigarette in der Hand zu sehen war. Er sprach jenen kultivierten, österreichischen Dialekt, der in Adels- und Offizierskreisen der alten Monarchie gesprochen wurde. Er war ein äußerst netter und umgänglicher Herr, der mir wohlwollend und mit festem Druck seine schmale, langfingrige Hand reichte, wobei er mir ein paar Scherzworte bezüglich meiner beginnenden Arbeit sagte und daß mich der Teufel holen solle, falls ich ein schlechter Tarockspieler sein sollte. Ansonsten möchte ich mich mit allen Angelegenheiten direkt an ihn wenden, weil ich mir dadurch eine Menge Umwege erspare.

An der Korona der Tafel saß seine Schwester Amélie, verehelichte Baronin Küstrin, die an einer goldenen Kette, welche um ihren Hals hing, ein Lorgnon trug, das unter ihrem hochgeschnürten Busen hin- und herbaumelte. Sie mochte Anfang oder Mitte der Vierzig sein, sah aber immer noch blendend aus und hatte etwas — am besten paßt der Ausdruck — Majestätisches an sich, eine unsichtbare Krone, die über ihrem Haupt schwebte. In dem Blick ihrer grauen Augen lag etwas Gebietendes, das keinen Widerspruch zu dulden schien; das Erbteil einer Generation von Vorfahren, die alle gewohnt waren zu befehlen. Sie war es auch, die die Rolle der Hausfrau versah, denn Graf Egon war ledig, wie man mir sagte.

Ihr gegenüber saß ihr Gatte, der norddeutsche Baron Küstrin, ein hochgewachsener, breitschultriger Recke, der — obwohl er schon seit zwanzig Jahren in Österreich lebte — noch immer in seinem schnoddrigen, norddeutschen Dialekt sprach. Er war — wie ich später hörte — so eine Art „enfant terrible" in der gräflichen Familie, liebte derbe Scherze und starke Schnäpse, zwei Dinge, die seiner Gemahlin in der Seele zuwider waren, und pflegte dröhnend über seine eigenen Witze zu lachen, für deren Humor sich niemand so recht begeistern konnte, und seine lichtblauen Seemannsaugen mit den kleinen Pupillen blitzten in ständiger Unternehmungslust. Obwohl er schon über fünfzig sein mochte, hatte er noch kein einziges graues Haar in seinem sandfarbenen Bubenschopf. Zur Begrüßung patschte er mir seine Bärenpranke auf die Schulter, daß ich schmerzlich zusammenzuckte, und er erklärte mir, daß echter Jamaika-Rum das beste Mittel sei, den Magen zu erwärmen, wenn man durchfroren aus dem Wald heimkäme. Und augenzwinkernd und leiser: er habe mir eine Flasche in mein Zimmer stellen lassen. Die beiden hatten — wie ich nachträglich erfuhr — eine siebzehnjährige Tochter namens Clarissa, die im Sacre Coeur in Wien erzogen wurde und daher nicht anwesend war.

Dann gabs da noch eine jüngere Schwester des Grafen, die jedoch durch einen Sturz vom Pferd ein steifes Bein hatte, das sie beim Gehen nachzog, und die deshalb im Volksmund „die hatschete Gräfin" genannt wurde. In ihrer Jugend soll sie mit einem ungarischen Grafen verheiratet gewesen sein, der jedoch im Weltkrieg 1914—18 gefallen war. Seither lebte die Kinderlose im Schloß ihrer Ahnen und hatte auch nicht mehr geheiratet. Zum Unterschied von ihren ansehnlichen Geschwistern war sie zart und klein, und in ihren samtdunklen Augen lag stets ein Ausdruck tiefer Melancholie.

Über das Mittagessen ist wenig zu sagen. Da mein Chef dabei das große Wort führte, widmete ich mich mehr dem ausgezeichneten Essen. Trotzdem fiel mir auf, daß mich die Baronin öfter durchs Lorgnon — wie ich mir einbildete wohlwollend — musterte. Allerdings war ich mir nicht klar darüber, ob sie sich nicht über meinen Appetit amüsierte. Trotzdem mir daheim immer wieder eingebläut wurde, als Gast bescheiden zu essen und lieber hungrig vom Tisch aufzustehen, als sich eine mangelnde Kinderstube nachsagen zu lassen, hieb ich hier ein wie ein Drescher und überließ das Reden — bei dem man bekanntlich nicht essen kann — meinem Chef. Einmal, als sich mein Blick mit dem der Baronin kreuzte, vertiefte sich ihr Lächeln, und sie schob mir verständnisvoll die Schüssel mit dem Schokolade-Auflauf nochmals zu, trotzdem ich mich bereits schamlos dreimal bedient hatte. Es ärgerte mich nur, daß ich dabei rot wurde, weil das die Baronin gleichfalls bemerkt hatte.

Bei Tisch bediente ein alter, böhmakelnder Diener namens Jakob, der mindestens seine Siebzig am Buckel haben mochte. Seine Hände waren zitterig, und man sah ihm an, wie sehr er sich in acht nahm, die Soße oder den Wein nicht auf den Anzug eines der Gäste zu schütten. Er atmete dann auch sichtlich auf, als ich endlich Messer und Gabel auf den leeren Teller legte und mich in meinen Stuhl wie ein sattgefressener Kater zurücklehnte.

Das Zimmer, das mir anschließend im zweiten Stockwerk des Schlosses angewiesen wurde, war ein langer, schmaler, mit alten, soliden Möbeln eingerichteter Raum, in dem es wohlig warm war. Es gefiel mir recht gut. Besser aber gefiel mir das Stubenmädchen Fanny, das mich heraufgeführt hatte. Sie hatte ein reizendes Stubsnäschen, einen blendenden Teint und zwei neugierige, braune Augen. Sie war, sagte sie mir, die Nichte des Sägeverwalters Bobek und wohnte ebenfalls im zweiten Stock, gleich das erste Zimmer links. Sollte ich also etwas brauchen, möchte ich zu ihr und nicht zum alten Kammerdiener Jakob kommen, der bei Tisch

16

serviert hatte. Der Jakob wohne zwar gleich nebenan, sei aber schon alt und gichtisch und vertrage das viele Laufen schlecht.

„Ich will mir's merken," sagte ich. „Was mache ich aber, Fanny, wenn mir nachts vor Ihrer Türe ein Gespenst erscheinen sollte? Ihr habt doch sicher in dieser alten Burg ein Hausgespenst?"

„Jawohl, die weiße Frau."

„Na, sehen Sie!"

„Aber wenn die erscheint, gibts jedesmal ein Unglück."

„Na, dann wollen wir sie lieber nicht strapazieren." Und da Fanny so dicht und appetitlich neben mir stand und lächelnd zu mir aufblickte, faßte ich sie unters Kinn, hob ihr Köpfchen noch ein wenig höher und gab ihr einen Kuß.

Fanny war darüber weder entrüstet, noch erstaunt, sondern sagte nur: „Ooooh." Und nach einer kleinen Pause: „Dabei sehen Sie angeblich so unschuldig aus."

„Wer sagt das?"

„Die Messalina."

„Und wer ist die Messalina?"

„Die Baronin, die Sie beim Essen so nachdenklich fixiert hat." Sie hob ihre Hand in die halbe Höhe und tat so, als hätte sie darin ein Lorgnon.

„So ... hat sie das? Und warum Messalina?"

„Ihr Mann, der Baron, nennt sie so. ‚Die männermordende Messalina' hat er einmal zu mir g'sagt."

„Warum?"

„Wissen's, ich bin ja in der Geschichte net so bewandert. Aber ich hab mir sagen lassen, daß die Messalina,

die a römische Kaiserin war, an großen Männerver-
schleiß g'habt haben soll."

„Und trifft das bei der Baronin zu?"

„Und ob! Besonders auf so Junge, wie Sie einer sind,
hat sie's scharf."

Da ich von Domestiken-Klatsch nicht viel hielt, gab
ich dem Gespräch eine andere Wendung. „Wo ist eigentlich der Jamaika-Rum, von dem der Baron g'redt hat?"

Sie ging zum Kleiderkasten, öffnete die Türe und
holte die Rumflasche heraus. „Im übrigen ist auch noch
eine Flasche Kümmel da. Wollen Sie denn jetzt trinken?"

„Zum Einstand ein Gläschen mit Ihnen, ja?"

Sie lachte. „Wir haben aber nur ein Zahnglas da."

„Macht nichts. Dann trinken Sie zuerst, und ich
schlucke den Rest hinunter. Und statt mit den Gläsern,
stoßen wir mit den Lippen zusammen. Einverstanden?"

Ich schenkte ein und reichte ihr das Glas.

Sie nippte daran und gab es mir zurück. „Wissen
Sie, Fanny," fragte ich sie, „warum Giraffen so an
langen Hals haben?"

Sie schüttelte den Kopf und blitzte mich mit ihren
schneeweißen Zähnen an.

„Damit sie beim Trinken länger an Genuß haben",
sagte ich und kippte den Rest hinunter. Dann küßte
ich sie auf den Mund. Dieser Kuß war schon wesentlich intensiver.

„Nein, wie man sich in einem Menschen täuschen
kann!" meinte Fanny kopfschüttelnd, bevor sie aus
meinem Zimmer ging. „Ich hab' Sie nämlich auch für
ein Unschuldslamm gehalten. Dabei sind Sie ein Wolf
im Schafspelz!" — —

Die Schlägerungsarbeiten ließen sich gut an. In der dortigen Gegend gabs ziemliche Arbeitslosigkeit — die Wirtschaftskrise der Jahre 1928/30 warf ihre Schatten voraus —, so daß ich genügend Holzhacker und Frächter bekam, und das Wetter war gut. Der Graf stellte mir ein Fahrrad zur Verfügung, mit dem ich in zwanzig Minuten im Wald sein konnte, wo ich meist den ganzen Vormittag blieb. Nachmittags erledigte ich die schriftlichen Arbeiten, stellte die Lohnlisten zusammen, holte mir am Freitag das Geld von der Bank im Ort und abends saß ich öfter beim Ochsenwirt, falls es keine Tarockpartie im Schloß gab. Bisweilen begab ich mich auch ins Sägewerk, wohin die Sägebloche geführt wurden, gab dem Verwalter Bobek an, was er einschneiden sollte und plauderte noch eine Weile mit ihm, denn er war ein wirklich netter, entgegenkommender Mensch. Nur störte mich an ihm, daß unsere Maßlisten so selten übereinstimmten. Sie differierten zwar nicht viel, und Herr Bobek, der die Bloche selber nachmaß, erklärte die kleinen Abgänge damit, daß die Leute im Wald eben großzügiger messen, weil sie im Akkord arbeiten. „Mancher mißt vielleicht noch seinen Daumen mit!" lachte er und schenkte mir einen Schnaps ein. Da mich aber die Sache wurmte, maß ich eines Tages zwei Fuhren im Wald selber nach, und als es zum Vergleichen kam, waren da wieder kleine Differenzen, und ein Bloch sollte sogar gefehlt haben. Ich sagte nichts, wurde aber mißtrauisch und begann das Sägewerk von meinem Fenster aus zu beobachten. Und da stellte ich dann fest, daß täglich ein paar Bretter — statt am Platz aufgestapelt zu werden — auf einem Wagerl zu einem Schuppen gefahren wurden, der durch ein Vor-

19

hängeschloß gesichert war. Schön, die Sache würde ich zu gegebener Zeit aufgreifen.

Gab es eine Tarockpartie, war ich stets zum Nachtmahl eingeladen und lernte eine Menge neuer Speisen kennen und schätzen, denn die Schloßküche war ausgezeichnet. Die Tarockpartie bestand aus dem Gutsherrn, der Baronin und ihrem norddeutschen Gatten.

Ich muß nun gestehen, daß ich seit jeher ein schlechter Kartenspieler war, weil es mir schwerfällt, mich auf die Dauer auf ein Spiel zu konzentrieren, dessen Ergebnis letzten Endes doch vom Zufall abhängt. Denn was nützt alle Aufmerksamkeit und Routine, wenn der andere die besseren Karten hat! Ich hatte auch bald heraus, daß nur der Baron ein guter und passionierter Kartenspieler war, der, wenn er einen guten Stich macht, seine Karten heftig auf den Tisch knallt und am Ende eines jeden Spieles seinem Partner vorhält, welche Fehler er gemacht hat, was er da und da hätte ausspielen müssen, weil das Spiel dann nicht verloren gegangen wäre, wobei es oft hitzige Debatten mit seiner Gemahlin gab. Und je mehr er trank, desto röter wurde sein Gesicht und desto hitziger seine Attacken.

Da ich also ein schwacher Spieler war, versuchte ich dieses Manko durch Vorsicht auszugleichen, spielte keinen Dreier, falls ich kein bombensicheres Blatt hatte und überließ die Initiative den anderen. So kam ich immerhin in den Ruf, zwar kein Künstler, aber auch kein Patzer zu sein, und ich legte vor allem keinen Wert darauf, zu gewinnen. Obwohl wir nur um Jetons spielten, hats niemand gern, wenn er verliert, noch dazu an einen kleinen Niemand. Während die beiden Herren Weißwein und zwischendurch Schnäpse tranken, bevorzugte die Baronin einen schweren, griechischen Rotwein, von dem ich ab und zu eine Kostprobe bekam. Jedenfalls entwickelte sich bei diesem Kartenspiel, begünstigt durch den Alkohol, eine familiäre Atmosphäre, und ich wurde in kurzer Zeit wie ein guter Freund behandelt, vor dem auch allerhand intimere Dinge besprochen wurden.

Leider schlug nach zwei Wochen das Wetter um und ein Föhn von seltener Heftigkeit brach über Nacht herein, so daß ich mein Fahrrad schieben mußte, sonst hätte mich der Sturm in den Bach gefegt. Ich schickte meine Leute heim, weil Schlägerungsarbeiten bei diesem Sturm zu gefährlich waren. Die Gescheiten waren ohnedies nicht gekommen.

Als ich mich auf den Rückweg machte, begann es plötzlich heftig zu regnen, und bis ich endlich gegen Mittag im Schloß anlangte, waren meine Kleider und Schuhe derart durchnäßt, daß bei jedem Schritt kleine Fontänen aus meinen Schuhen spritzten. Ich zog mich also vollkommen aus, hing die nassen Sachen beim Ofen auf einen Strick und war gerade in frische Unterwäsche geschlüpft, als sich die Tür hastig öffnete und Fanny bleich und mit verschreckten Augen hereinstürmte.

„Was ist los, Fanny?" fragte ich. „Wo brennt's denn?"

„Der Herr Graf," stammelte sie, „grad haben's ihn gefunden. Er ist tot!" Und plötzlich brachen Tränen aus ihren Augen, und sie warf sich aufschluchzend an meine Brust.

„Das gibts ja gar nicht!" sagte ich und strich begütigend über ihren Scheitel. Im übrigen war es recht genant, in Hemd und Unterhose dazustehen, denn kein

Mann macht in diesem Aufzug eine gute Figur. Nach einer Weile wurde dies auch Fany bewußt, und sie setzte sich mit einem kleinen, verlegenen Lächeln auf einen Stuhl, wo sie wartete, bis ich angezogen war. Dann setzte ich mich zu ihr.

„Erzählen's schon, Fanny, was ist los?"

„Wissen's, Hubsi, bei schlechtem Wetter pflegen der Graf und der Baron noch vor dem Mittagessen einen Spaziergang im Burggarten unten zu machen. Heut' aber wollt' der Baron nicht mit, und so ist der Herr Graf allein gegangen. Wie er nach einer Stund' noch net zurück war und es zu regnen angefangen hat, ist der Baron hinunter gegangen, ihn zu suchen. Und da unten hat er ihn dann g'funden. Am Boden ist er gelegen und war tot."

Sie wollte wieder zu weinen anfangen, doch ich ließ ihr keine Zeit dazu.

„Wieso wissen Sie, daß er tot ist?"

„Der Arzt war ja schon da, und sie haben ihn in die Kapelle geschafft, wo er aufgebahrt wird."

„Was hat denn der Arzt für eine Todesursache festgestellt? Herzschlag?"

„Nein, eine tiefe Kopfwunde. Er hat keinen Hut aufgehabt. Den hat ihm der Sturm davongetragen."

„Doch nicht etwa Mord?" fragte ich.

„Wer sollt' ihn denn umbringen? Er war ja ein so viel guter Herr."

„Sagen's, Fanny, wer erbt denn den Besitz nach ihm?"

„Wahrscheinlich seine Schwester, die Messalina. Ich weiß es aber nicht."

„Oder der Baron?"

„Der auf keinen Fall."

„Warum nicht?"

„Das geht — glaub ich — bei an Fideikommißgut nicht. Ja, ich komm' gleich!" rief sie gleich darauf und stand auf. „Der alte Jakob ruft nach mir", und sie eilte hinaus.

Da ich Hunger hatte, ging ich zum Ochsenwirt Mittagessen, und wie ich wieder ins Schloß zurückkam, begegnete ich auf der Treppe dem Gendarmerie-Postenkommandanten Windmoser, den ich vom Gasthaus her kannte. Auch im Schlag hatte er mich schon öfter besucht.

„Gut, daß ich Sie treffe, Herr Hubsi", sagte er. „Mit Ihnen möcht' ich auch noch reden."

Da mich mein Chef mit Hubsi angesprochen hatte, war ich unter diesem Namen in die Annalen des kleinen Ortes eingegangen, und ein jeder — auch meine Arbeiter — sagten ‚Herr Hubsi' zu mir. Und da die Einwohner eines kleinen Ortes meist sehr konservativ sind, so war es auch zwecklos, ihnen meinen Zunamen zu nennen. Sie hätten mich nur schlau angeblinzelt und für einen argen Witzbold gehalten.

„Wollen's nicht zu mir heraufkommen, Herr Inspektor?" und ich ging, als er nickte, mit ihm in mein Zimmer. „Ein Glaserl Jamaika-Rum gefällig?" fragte ich und holte Flasche und Gläser aus dem Kasten.

„Den hat mir der Baron auch schon angeboten", meinte er grinsend. „Aber bei ihm hab' ich nichts getrunken, weil ich im Dienst bin. Bei Ihnen aber brauch' ich net so penibel zu sein. Also prost! Schmeckt verteufelt gut", meinte er anerkennend und sah zu, wie ich nochmals einschenkte. „Sie haben ja schon g'hört, was hier passiert ist, Herr Hubsi?" begann er vorsichtig.

Ich nickte. „Es ist kaum zu glauben!"

„Wann haben S es denn erfahren?" wollte er wissen.

Ich erzählte es ihm und fügte hinzu: „Ist auch für mich ein böser Schlag, weil ich nicht weiß, wie die Sache weitergehen soll."

„Darüber tät ich mir an Ihrer Stelle nicht den Kopf zerbrechen. Sie haben Ihren Kaufvertrag und müssen dazuschaun, daß die Arbeit zeitgerecht fertig wird, damit mit dem Straßenbau begonnen werden kann." Und nachdem er auch den zweiten Schnaps gekippt hatte, fuhr er fort: „Wissen's, daß der Graf keines natürlichen Todes gestorben ist? Schlag mit einem scharfen Gegenstand, sagt der Doktor. Es könnt ein Beil gewesen sein oder so was ähnliches."

„Ich kann's nicht recht glauben", meinte ich. „Es hätt' ja auch niemand was davon."

„Das ist eben die Frage."

„Waren Sie schon am Tatort, Inspektor, beziehungsweise im Garten, wo er gefunden wurde?" wollte ich wissen.

„Noch nicht; hab erst einmal, solang es geregnet hat, die Erhebungen im Schloß hier geführt. Und dann hab ich den Staatsanwalt angerufen. Er wird die Beerdigung vorläufig nicht freigeben. So, und jetzt will ich hinunter und mich unten ein wenig umsehen."

„Darf ich Sie begleiten, Inspektor?" fragte ich.

„Meinetwegen. Vier Augen sehen mehr als zwei."

Unten im Schloßhof, an das schmiedeeiserne Gitter des alten Brunnens gelehnt, stand der Baron. Er hatte eine Schnapsfahne, die man zehn Schritte gegen den Wind roch, und seine lichten Augen blickten uns stier und glasig entgegen.

„Da kommt er!" rief er mit dröhnender Stimme. „Da kommt er, der Herr Inspektor. Wat is' dat for ne komische Charge ‚Inspektor'? Ihren Distinktionen nach sindse Wachtmeister ... Unteroffizier ... stimmt's?"

„Jawohl, Herr Rittmeister", sagte der Inspektor stehen bleibend.

„Na also", fuhr der Baron befriedigt fort. „Und ich war Militär-Attaché beim kaiserlichen Hof in Wien, verstanden? Mir hat Euer Kaiser Franz Josef, der letzte Ritter, der letzte Grandseigneur in dieser entgötterten Scheißwelt, die Hand gedrückt ... diese Hand hier, verstanden? Und — potzverdumme — steh'n Se stramm, Kerl, wenn ich vom ollen Kaiser rede!"

Herrn Windmosers Gestalt straffte sich und er schlug krachend die Hacken zusammen, denn auch er hatte noch unter'm alten Kaiser gedient.

„So ist's recht", fuhr der Baron besänftigt fort und faßte Halt suchend nach dem Brunnengitter. „Und passen Se man uf, Wachtmeister. Meine Vorfahren, die waren schon mit Friedrich Barbarossa im Heiligen Land, wie diese Burg noch gar nich' dagestanden ist. Schon damals waren sie Herren! Und een Herr hat's nich' nötig zu lügen, verstanden? Und wenn nu eener kommt und mich verdächtigt, ich hätt' den Karl Egon umjebracht, also der kann man froh sein, daß ich ihm de Fresse nicht einschlage, verstanden?"

„Entschuldigen Sie, Herr Rittmeister, aber ich hab Sie keineswegs verdächtigt."

„Will ich Ihnen ooch nich' jeraten haben! Denn — passen Se uf, Wachtmeister — der Graf Karl Egon war mein Freund, verstehn Se? Der beste Freund, den ich je hatte. Wir haben uns schon in Wien gekannt, als er noch bei den achter Dragonern diente. Und wenn ihn wirklich wer umjebracht hat — potzverdumme — dem Kerl dreh ich eigenhändig den Kragen um!"

„Is' scho recht, Herr Rittmeister. Aber jetzt möcht ich Sie bitten, daß Sie uns den Platz zeigen, wo Sie den Herrn Grafen gefunden haben."

„Jawohl, det will ich ooch" und er versuchte, sich vom Gitter loszueisen.

Ich sprang schnell an seine Seite und hakte mich unter: „Sie gestatten schon, Herr Baron, aber ich hab heute zuviel von Ihrem wunderbaren Jamaika-Rum getankt und da möcht ich halt bitten, daß Sie mir ein wengerl unter die Arme greifen."

Inspektor Windmoser faßte seinen linken Arm und so brachten wir ihn anstandslos in den stark verwilderten Burggarten.

„Da war's", sagte schließlich der Baron, nachdem er im Zickzack eine Stelle in der Nähe der Burgmauer angepeilt hatte. Wir lehnten ihn in eine Mauernische, wo er prompt stehend einschlief.

„Da sind noch ein paar Blutspritzer", meinte der Inspektor und deutete auf einige rotbefleckte Grashalme. „Der Boden ringsum ist leider schon zertrampelt. Schade!"

Ich bückte mich und hob aus dem regenfeuchten Gras eine dunkelgraue Tafel, die der Sturm vom Schieferdach der Burg herabgerissen haben mochte. Es war noch eine alte, solide Schiefertafel, die gut ein Kilo wiegen mochte.

„Das ist die Erklärung", sagte ich und zeigte dem Inspektor die blutige Kante, an der noch ein paar Haare klebten. „Sie werden sehen, daß die scharfe Kante genau in die Kopfwunde des Grafen paßt. Hätte er einen Hut aufgehabt, wär' er vielleicht mit dem Leben davongekommen."

Inspektor Windmoser faßte die Tafel mit seinem Taschentuch an (das mochte er in einem Kriminal-Roman gelesen haben) und steckte sie in seine umgehängte Ledertasche. Dann faßten wir den Baron wieder unter und brachten ihn bis in den ersten Stock. Es war kein leichtes Stück Arbeit, denn er schlief, trotzdem er seine Beine bewegte. Oben empfing uns der alte Jakob, und wir schleiften den Baron mit vereinten Kräften in sein Zimmer und legten ihn dort auf ein Sofa.

„Kein Wunder bittscheen", murmelte der alte Diener. „Sache ist ihm halt serr nahe gegangen" und leiser: „Auch Frau Baronin sitzt allein und triebsinnig in ihre Zimmer und hat schon zweites Flaschl …" Er verstummte, denn die imposante Gestalt der Baronin erschien im Türrahmen. Sie überschaute die Situation mit einem einzigen, raschen Blick durch ihr Lorgnon und ging dann wortlos hinaus. Im Vorzimmer bedankte sie sich bei uns und verabschiedete den Inspektor. Mich aber hielt sie zurück und sagte leise:

„Mit Ihnen, Hubsi, hätt' ich gern gesprochen", und ging mir voraus in ihr Boudoir. In diesem verhältnismäßig kleinen Raum war es schon recht dämmrig, zumal eine hohe Blutbuche vor dem Fenster stand, deren Laub noch nicht ganz abgefallen war. Sie setzte sich auf eine Couch, vor der ein Tischchen mit zwei Weinflaschen stand und sagte: „Holen Sie sich dort drüben ein Glas, Hubsi, und setzen Sie sich zu mir. Ich vertrag' heute das Alleinsein nicht gut. Ich muß wen haben, mit dem ich reden kann ... Ich bin auch heut', nach diesem harten Schlag, sehr trostbedürftig ...“

Ich tat, wie mir geheißen und setzte mich auf's andere Ende der Couch.

„Na, kommen's nur ein bisserl näher. Ich muß auch die menschliche Wärme spüren. Das beruhigt so. Am liebsten möcht' ich mich an Sie anlehnen, Hubsi“, meinte sie mit einem müden Lächeln. Da ich zu schüchtern war, um näherzurücken, tat sie es und schenkte mir von ihrem dunkelroten Wein ein. „Das ist griechischer Wein“, erklärte sie, obwohl ich das bereits wußte. „Er ist schwer, aber ich lieb' ihn über alles; vor allem den leichten Harz-geschmack, den er hat. Wissen's, Hubsi, die Griechen bestreichen die Innenwände der Fässer mit Koniferen-Harz und davon nimmt der Wein etwas in sich auf. Kosten's amal. Schmeckt er nicht wundervoll? Wie ein Wein aus Tausendundeinenacht.“

„Wundervoll!“ echote ich. „Doch ich hab eine relativ gute Nachricht für Sie, Baronin“, und ich erzählte ihr, was wir im Schloßgarten eben festgestellt hatten.

„Und was ist da für ein Unterschied für mich?“ fragte sie. „Ist es nicht egal, ob er so oder so gestorben ist? Der Gutsherr ist tot und mit ihm der beste Bruder, den eine Schwester je haben konnte.“

„Wer erbt denn jetzt alles?“ fragte ich.

„Ich weiß es nicht. In diesen Dingen war Karl Egon nicht besonders mitteilsam.“

„Da keine Kinder vorhanden sind, wäre denkbar, daß das Fideikommißgut Ihnen zufällt, Baronin?“

„... oder meiner Tochter Clarissa, was viel vernünf-tiger wäre, weil dann die Erbsteuer nur einmal gezahlt werden müßte.“

„Ist Ihre Tochter auch so hübsch wie die Mutter?"
fragte ich, denn ich spürte bereits den Wein in meinem
Kopf.

„Viel hübscher!" rief sie und blitzte mich mit ihren
weißen Zähnen an. Die Dämmerung hatte sich vertieft
und alle Schärfe von ihrem Gesicht genommen. Sie
mußte als Mädchen bezaubernd schön gewesen sein.
„Allerdings ist Clarissa nicht mir, sondern meinem
Mann nachgeraten; hochgewachsen, lange Beine, schlank,
blond und blauäugig ... Wie die germanische Göttin
Iduna sieht sie aus."

„Schade, daß ich sie nicht sehen werde", meinte ich.

„Doch, doch, Sie werden sie sehen, Hubsi, denn Clarissa kommt doch selbstverständlich zum Begräbnis. Ich
hab bereits mit ihr telefoniert. Und auch den Doktor
Casinius hab ich angerufen. Der war leider nicht daheim. Er ruft aber gleich an, wenn er heimkommt."

„Wer ist denn das, wenn ich fragen darf?"

„Der Notar, bei dem das Testament hinterlegt ist. Er
ist ein Regimentskamerad meines Bruders und kommt
jedes Jahr zur Jagd her."

„Wann wird denn Testamentseröffnung sein?"

„Ich möcht', daß der Notar morgen vormittag
kommt. Wir müssen doch schließlich wissen, wie die
Sache weitergehen soll."

„Gewiß. Und auch ich muß wissen, an wen ich mich
wenden soll ..."

„Na, halten Sie sich vorläufig an mich, Hubsi", dabei
beugte sie sich vor, um mir ins Gesicht zu sehen, nahm
vollkommen unerwartet meinen Kopf zwischen ihre
beiden Hände und küßte mich auf den Mund. „Komm'
her, du junger Bub, und tröste mich!" seufzte sie. Dabei

30

zog sie mich, unter weiteren Küssen, dichter an sich heran und begann ihre Bluse aufzuknöpfen.

Ich rührte mich nicht, denn der Angriff war zu plötzlich, zu unerwartet gekommen. Auch mußte ich sehr, sehr diplomatisch sein und durfte sie keinesfalls kränken. Morgen konnte sie hier die Herrin sein und niemand ist rachsüchtiger als eine verschmähte Frau.

Doch da kam — allerdings im letzten Moment — Hilfe von außen. Es wurde heftig an die Türe geklopft, die gleich darauf aufgestoßen wurde. Ein heller Lichtschein drang durch die offene Tür, in der Fanny stand und aufgeregt rief:

„Telefon, Gnädigste! Der Herr Notar ist am Apparat!"

„Ich komm ja schon", knurrte die Baronin, zog rasch ihre Bluse zu und raunte mir befehlend zu: „Du bleibst hier, Hubsi!" Dann rauschte sie hinaus und schloß die Türe hinter sich.

Da saß ich nun im Dunkeln und weil ich nicht wußte, was ich tun sollte, trank ich mein Glas mit dem schweren Rotwein aus. Das war aber falsch. Denn hatte ich bisher nur ein leises Schwipserl gehabt, so umfing mich jetzt eine weinselige Stimmung, in der einem alles egal ist und man ,alles Krumpe grad laufen läßt'. ,Verkauft's mei' Gwand, ich fahr' in Himmel', singt in diesem Stadium der Wiener beim Heurigen.

Die Baronin kam zurück, versperrte die Türe von innen, zischte: ,So eine blöde Gans' und setzte sich wieder neben mich auf die Couch. Dort nahm sie das unterbrochene Spiel wieder auf, begann allerdings neuerlich von vorne und mußte sich erst satt küssen, bevor sie in die richtige Stimmung zu weiteren Attacken kam. Dann aber ging sie forsch und zielstrebig vor.

Doch auch diesmal wollte es das Schicksal anders. Ihr Zimmer hatte — was ich nicht wußte — zwei Türen; die eine versperrte, auf's Vorzimmer hinaus, und eine Tapetentüre, die ins Badezimmer führte. Und diese Tapetentüre begann sich plötzlich langsam, leise in den Angeln quietschend, Zentimeter um Zentimeter zu öffnen. Wir fuhren beide bei dem Quietschton hoch und starrten wie gebannt auf die sich langsam öffnende Türe, in deren Rahmen eine weiße Gestalt sichtbar wurde, deren Umrisse von einem leicht fluoreszierenden Licht umgeben waren. Man sah weder einen Kopf, noch Beine, und der Anblick dieser stummen, regungslosen Gestalt wirkte recht unheimlich und gespenstig.

Die Baronin, die sich gerade halb aufgerichtet hatte, um das letzte, intime Kleidungsstück abzustreifen, flüsterte entsetzt: „Um Gottes willen, die weiße Frau! Da steht uns ein weiteres Unglück bevor!" schlug die Hände vors Gesicht und sank vernichtet auf die Couch zurück. Und sie war derart erschreckt und ernüchtert, als hätte sie wer mit kaltem Wasser übergossen. Sie rückte von mir ab und sagte, ohne die Hände vom Gesicht zu nehmen, „geh!"

Das tat ich denn auch. Ich warf noch einen raschen Blick zur Tapetentüre hinüber, doch die weiße Gestalt war verschwunden. So sperrte ich denn die zum Vorzimmer führende Türe auf und verdrückte mich ungesehen aus der Herrschaftswohnung.

Die Treppe zu meinem Zimmer im zweiten Stock stieg ich mit gemischten Gefühlen hinauf und gedachte, den ereignisreichen Tag damit zu beschließen, daß ich

noch zwei oder drei Gläschen Jamaika-Rum kippte, um
dann mit der nötigen Bettschwere traumlos dem kom-
menden Morgen entgegenzuschlafen. In meinem Zimmer angekommen, knipste ich das Licht an und stutzte
nach ein paar Schritten über den eigenartigen Geruch,
der in der Luft lag. Ich fand es zwar lächerlich, konnte
mich aber der Tatsache nicht verschließen, daß es nach
irgendeinem süßlichen Parfüm roch. Wahrscheinlich nur
Halluzinationen meiner erregten Sinne, tat ich die Sache
ab, holte die Rumflasche aus dem Kasten und ging zum
Tisch hinüber. Doch wo — zum Teufel — war das
weiße Tischtuch? Und wo waren meine Bücher, die darauf zu liegen pflegten? Ich fand bald beides. Das Tischtuch lag am Boden und die Bücher auf dem Stuhl daneben. Wen mochte das gestört haben? Ich hob also das
Tischtuch auf, legte es auf seinen alten Platz und tat
auch die Bücher hin. Dann knipste ich die Nachtkastl-
Lampe an, löschte die Deckenbeleuchtung, goß mir einen
tüchtigen Schluck Rum ein und begann mich auszuklei-
den. Rock und Hose hängte ich über die Stuhllehne, zog
Schuhe und Strümpfe aus und ging zum Bett, mir
meine Hausschuhe zu holen, die im Nachtkästchen ver-
staut waren. Da sah ich etwas Schwarzes vor meinem
Bett liegen. Ich hob es verwundert auf und stellte fest,
daß dies ein Frauenkleid war. Und dieses Kleid strömte
auch den süßlichen Geruch aus, der mich vorhin schon
irritiert hatte. Da ging mir langsam ein Licht auf und
ich hob rasch die Bettdecke, die — wie ich erst jetzt sah
— so ungewohnt gefüllt dalag. Und da drunter lag nun
richtig Fanny, die mir halb verlegen und halb belustigt
entgegen lächelte, wobei sie die Hände vor die Brust
hielt, denn sie war splitternackt. Als sie der Richtung

34

meines Blickes folgte, löschte sie mit raschem Griff das Licht aus.

*

Als ich am nächsten Morgen erwachte und mich wohlig im Bett dehnte, spürte ich etwas Hartes unter meiner linken Schulter, das sich, als ich es aufnahm, als kleine Taschenlampe entpuppte. Wie kam die in mein Bett? Solche winzigen Stablampen pflegten entweder Einbrecher oder Damen zu benützen, die ihre Handtaschen nicht übermäßig belasten wollten.

Doch plötzlich fiel mir ein, daß heute Freitag war und demnach Lohnauszahlung sei. Und die Lohnlisten lagen unberührt in meiner Aktentasche. Da ich meinen Weg täglich auf dem Rad zurücklegen mußte, hatte ich mir eine Aktentasche angeschafft, die wie ein Tornister auf den Rücken geschnallt werden konnte. Ich sprang also mit beiden Beinen aus dem Bett, wusch und rasierte mich rasch und war gerade mit meiner Toilette fertig, als Fanny die Türe aufstieß und mit dem Fuß hinter sich zuschlug, weil sie in beiden Händen ein großes Frühstücks-Tablett balancierte.

„Guten Morgen!" rief ich freudig, denn bisher hatte mir das Frühstück ein moroses Küchenmädel gebracht. Fanny stellte das Tablett auf dem Tisch ab und dann fielen wir uns beide in die Arme. Sie war frisch und rosig, duftete nach Seife, und nur der leise, bläuliche Schatten unter ihren Augen zeugte von einer wenig ausgiebigen Nachtruhe.

„Ich hab zwei Tassen gebracht, damit wir gemeinsam frühstücken können."

„Fein!" sagte ich, „aber ich werd' mich sputen müssen, weil ich noch die Lohnlisten fertig machen muß. Heute ist Freitag."

„Och, wenn alle Stricke reißen, zahlst du den Leuten Vorschüsse aus und rechnest nächste Woche ab. Weißt du, daß heute Testamentseröffnung ist?"

„Tatsächlich? Um wieviel Uhr?"

„Um elf Uhr. Ich werd' dabei bedienen, weil der alte Jakob ..."

„Du, Fanny", sagte ich, „könntest du nicht erfahren, was im Testament drin steht?"

„Zuhören lassen sie mich bestimmt nicht, aber ..."

„Na, was denn?"

„Die Testaments-Eröffnung wird im Salon stattfinden. Der Ofen wurde bereits angeheizt; und der wird vom Gang aus geheizt. Wenn man die Luftklappe offen läßt, versteht man draußen recht gut, was drinnen gesprochen wird. Nicht immer alles ..."

„... aber das Wesentliche gelt? Möchtest du ein bisserl horchen, Fanny?"

„Das hätt' ich ohnedies getan", erwiderte sie, verschmitzt lächelnd, „denn ich bin ja auch furchtbar neugierig, wer das alles hier erbt. Wenn's die Messalina erben sollt', schau' ich mich nach an andern Posten um."

„So? Du, da fällt mir ein, Fannerl, gehört das dir?" und ich zog die kleine Stablampe aus meiner Tasche.

„Natürlich! Wo hast du's gefunden?"

„Im Bett."

„Da sieht man, wie der Mensch aufpassen muß. Aber du ißt ja nichts, Hubsi!"

„Und noch was wollt ich fragen, Fanny. Wie ich gestern ins Zimmer gekommen bin, ist die weiße Tischdecke am Boden gelegen."

„Warum betonst du das ‚weiße' so?"

„Mir ist nur eingefallen, ob sich nicht euer Hausgespenst, die weiße Frau, die Tischdecke vielleicht ausgeliehen hat ..."

Sie wurde ein wenig rot, verschluckte sich und begann zu husten. Ich klopfte ihr leicht auf den Rücken und sagte. „Aber das mit der Stablampe war eine großartige Idee. Wo hast du sie denn gehabt?"

„Unter'm Kleid, im Strumpfbandgürtel", kicherte sie. „Aber ich hab dich ja aus den Klauen der Messalina befreien müssen. Die hätt' dir das Mark aus den Knochen gesaugt."

„Ein Schuft, der mehr gibt als er hat", beschränkte ich mich zu erwidern. „Aber deine beste Idee war ja doch ..." Ich zeigte auf das Bett.

Sie schmiegte sich rasch an mich: „Ich hab dich ja entschädigen müssen", flüsterte sie an meinem Ohr.

„Nur Frauen können so wunderbar selbstlos sein", sagte ich mit Überzeugung und küßte sie. „Jetzt wollen wir brav essen und dann an die Arbeit gehen."

Der Abschied fiel uns beiden recht schwer.

*

Es gelang mir doch noch, die Lohnlisten fertigzustellen, und als ich abends ins Schloß kam, kam mir auf der Treppe eine junge, blonde, bildhübsche Dame entgegen. Ich erriet sofort, daß dies Clarissa sei, blieb stehen und zog grüßend den Hut.

„Sie sind sicher der Herr Hubsi", begrüßte sie mich und reichte mir die Hand. „Da kann ich Ihnen gleich ausrichten, daß Sie heut Abend zum Nachtmahl bei uns eingeladen sind. Sie wissen natürlich, wer ich bin?"

„Selbstverständlich, Baroness. Doch da muß ich gleich hinauf, mich umzuziehen. Ich komme direkt von der Arbeit."

„Och, so eilig ist die Sache nicht. Jetzt ist es erst sechs Uhr, vor acht wird kaum bei uns gegessen. Im übrigen können's ruhig Clarissa zu mir sagen. Nur nicht Klara. Das kann ich nämlich nicht leiden. Wenn Sie wollen, Herr Hubsi, dann kommen S mit mir. Ich muß hinunter zum Postamt."

„Das wird aber jetzt schon geschlossen sein."

„Macht nichts. Dann holen wir die Postmeisterin aus ihrer Wohnung. Sie wohnt ja im gleichen Haus." Und da ich noch zögerte: „Ich erzähl Ihnen bei der Gelegenheit auch die große Neuigkeit."

Sie hängte sich vertraulich bei mir ein und zog mich ganz einfach mit. Dabei stellte ich fest, daß wir gleich groß waren und sie sich mühelos meiner Schrittweite anpassen konnte. Ihre Augen hatten das gleiche lichte Graublau wie die ihres Vaters, nur waren ihre Pupillen wesentlich größer.

„Wenn ich Ihnen erzähle, was bei der Testaments-Eröffnung herausgekommen ist — also meine Mama wär' beinahe vom Sessel gefallen."

„Wieso? Gab's denn eine Überraschung?"

„Und was für eine! Es hat sich nämlich herausgestellt, daß Onkel Karl Egon verheiratet war ... richtig verheiratet ... mit einer Zirkusdame! Stellen Sie sich vor! Zwei Jahre hat er mit ihr in Italien gelebt — er war damals ein hohes Vieh bei der österreichischen Gesandtschaft in Rom — und im dritten Jahr ist die Zirkusdame tödlich verunglückt. Sie ist nämlich noch immer im Zirkus aufgetreten. Sie konnt's nicht lassen. Sie war die Tochter des Zirkusbesitzers und hatte jahrhundertealtes Zirkusblut in den Adern. Eigentlich interessant, nicht wahr? Das Wesentliche aber ist, sie gebar dem Onkel einen Sohn. Da schau'n Sie, was? Und dieser Sohn, der noch lebt, heißt Carlo, ist heute zwanzig Jahre alt und erbt das Fideikommißgut."

„Unwahrscheinlich!" sagte ich und blieb vor Erstaunen stehen. „Das ist allerdings eine Überraschung. Und wo ist dieser Carlo?"

„Der ist beim Zirkus und wird jetzt gesucht."

„Was? Der ist beim Zirkus geblieben?"

„Seine Großeltern haben ihn nicht hergegeben, weil Eva — so hieß Onkels Frau — ihr einziges Kind war. Onkel Karl Egon hat jahrelang um die Herausgabe des

Kindes prozessiert, doch das Urteil konnte nie vollstreckt werden, weil der Zirkus durch die ganze Welt gezogen ist und nirgends gepackt werden konnte. Der Amtsschimmel war da viel zu langsam."

„Unwahrscheinlich!" sagte ich kopfschüttelnd.

„Aber eigentlich recht romantisch", zwitscherte Clarissa und zog mich mit sich fort. „Nun haben wir durch Zufall erfahren, daß der Zirkus Vedrano jetzt in Kopenhagen gastiert nud das muß ich dem Notar drahten, damit er den Carlo herzitieren kann."

„Der weiß womöglich gar nichts davon."

„Weiß ich nicht. Aber der Onkel hat, als er sah, daß er den Buben nicht bekommen konnte, mit dem alten Vedrano ein Arrangement getroffen, daß Carlo sorgfältig erzogen wird, weil er ja einmal das Gut hier übernehmen soll. Er hat ihm dafür auch eine jährliche Apanage ausgesetzt und Doktor Canisius sollte sich einmal jährlich davon überzeugen und Carlo prüfen."

„Und hat er das getan?"

„Ein paarmal ist es ihm gelungen."

„Und wurde Carlo als Zirkuskind erzogen oder kam er in ein Internat?"

„Carlo soll schon von klein auf im Zirkus gearbeitet haben. Erst als Kunstreiter und jetzt als Musik-Clown. Seine Großeltern scherten sich nicht viel um die Abmachung — Sie wissen ja, wie Italiener sind — denn sie wollten auch einen Nachfolger für ihren Zirkus haben. Das hielten sie für wichtiger und lag ihnen auch mehr am Herzen."

Ich mußte lachen und Clarissa stimmte mit ein. „Na, das kann ja ein schönes Tohuwabohu werden, wenn ein Musik-Clown als Herr hierherkommt. Ich nehme aber an, Fräulein Clarissa, daß die übrigen Familienmitglieder nicht zu kurz gekommen sind?"

„Na ja, wir können zufrieden sein; zumindest ich habe recht gut abgeschnitten. Onkel Karl Egon hat eine hohe Lebensversicherung in der Schweiz abgeschlossen, und aus diesem Fonds, der in der Schweiz bleiben muß, werden wir dotiert. Aber Geld — meint Mama — ist nie so sicher wie Grundbesitz; besonders Wald. So, da sind wir beim Postamt. Warten's bitte auf mich, Hubsi, ich mag im Dunkeln nicht allein heimgehen."

„Angst?" fragte ich.

„Das wohl nicht. Aber ich hab gern Gesellschaft und mit Ihnen red' sich's so gut. Sie sind kein Fadian."

Auch am Rückweg plauschten wir allerlei. Vor allem mußte ich ihr ein Kompliment machen. Denn als sie aus dem hellen Hausflur hervorkam, war sie wirklich schön wie ein Erzengel. „Ihre Frau Mama hat mir zwar gesagt, daß Sie schön sind, Fräulein Clarissa, aber Sie sind so schön, daß es einem beinahe den Atem verschlägt."

„Sie wollen sich wohl einen Schilling verdienen?" lachte sie. „Aber was mir fehlt, das ist das Imposante meiner Mutter und auch ihr Selbstbewußtsein. Mama ist tief davon durchdrungen, daß alles, was sie macht, unbedingt richtig ist ... Hat Sie übrigens Mama schon verführt, Hubsi?"

„Nein. Ich scheine unter dem Schutz der weißen Frau zu stehen."

„So. Noch nie gehört, daß ein Gespenst eifersüchtig ist."

„Und wie steht's mit Ihnen, Clarissa", — da sie den Herren weggelassen hatte, ließ ich das Fräulein weg — „haben Sie schon jemanden verführt?"

Sie nahm die Frage keinesfalls übel, und mit der Gradlinigkeit, die sie von ihrem Vater geerbt hatte, sagte sie: „Nein. Aber ich stell' mir das recht amüsant vor."

„Die Dichter behaupten zumindest, daß es das Schönste auf dieser wenig erfreulichen Welt sei, und selbst Philosophen erklären, daß alle Weisheit der Weisen die Torheit der Liebe nicht aufzuwiegen vermöge."

„Sie machen mich noch neugieriger, als ein junges Mädchen ohnedies schon ist", erwiderte sie nach einer kleinen Pause und fuhr grüblerisch fort: „Aber da hätte Mama ja recht, wenn sie wie ein weiblicher Casanova . . ."

„Sie sagen ja selbst, daß Ihre Mama immer recht hat."

„Ja, vor sich selbst. Warum aber wird sie dann von allen weiblichen Wesen verurteilt?"

„Ich weiß es nicht. Aber beneidet nicht jeder Bettler einen Rothschild?"

„Ich glaube, daß der Vergleich hinkt. Aber wir sind schon da. Hubsi, mit Ihnen muß ich mich noch öfter über dieses Thema unterhalten. Es gibt so wenig Menschen, mit denen man über alles reden kann. Und vergessen Sie nicht — um acht Uhr!"

Sie reichte mir ihre langfingrige Hand und verabschiedete sich mit einem festen, kameradschaftlichen Händedruck.

Während ich mich umzog, wartete ich vergebens auf Fanny. Doch dann fand ich auf dem Nachtkästchen, unter der Lampe, einen Zettel: „Kann erst nach zehn Uhr kommen" und war beruhigt.

Punkt acht Uhr läutete ich unten. Der Baron öffnete mir die Tür und drückte mir freundschaftlich die Hand.

„Wissense, mir ist erst heute zu Bewußtsein jekommen, daß Sie sich gestern tadellos benommen haben. Dafür bekommense noch ne Bottel Jamaika-Rum von mir."

„Wird dankend angenommen, denn er ist wirklich ausgezeichnet."

„Jaja, also von Trinken da versteh' ich schon wat. Zum Essen gibt es ja heut' nischt Besonderes, aber for's Trinken hab ich jesorgt. Und da wernse Oogen machen. In Österreich jibt's ja nu allerhand gute Tropfen, man muß nur wissen wo. Und ike wees dat!" Er lachte dröhnend auf und führte mich ins Speisezimmer, wo die Damen schon bei Tisch saßen. Ich wurde freundlich begrüßt, durfte den Damen die Hand küssen, tat dies auch bei Clarissa, die mir dafür einen Klaps auf die Wange gab. Im übrigen war sie meine Tischnachbarin, während an meiner rechten Seite die Baronin saß.

Wie vorausgesehen, servierte diesmal Fanny, und der alte Jakob hatte das leichtere Amt des Mundschenks. Die Mahlzeit war tatsächlich frugal; es gab Krenwürstel und zum Nachtisch eine Schokoladecreme mit Schlagobers. Für uns Männer allerdings Käse, denn der Baron behauptete, Wein könne man nur mit Käse richtig goutieren.

Während mich Fanny bediente, stellte sie sich eng neben mich und fuhr mir, während sie das Tablett wieder an sich zog, mit dem bloßen Arm liebkosend über die Wange. Dieses Manöver wiederholte sie auch beim Käse, ohne daß es jemand bemerkt hätte.

Die Baronin gab dem Gespräch die gewünschte Richtung.

„Ich hab euch schon erzählt, daß mir gestern die

weiße Frau erschienen ist. Und das war keine Einbildung. Ihr könnt' mir's ruhig glauben. Sie erscheint stets, wenn unserm Haus ein Unglück bevorsteht; das letzte Mal im Jahre 15, als unser Bruder Alfred in Rußland gefallen ist. Da sie diesmal nach Karl Egons Tod erschienen ist, betrachtet sie nicht seinen Tod, sondern sein Testament, das am nächsten Tag eröffnet wurde, als das eigentliche Unglück. Und ich muß ihr da leider zustimmen. Ich finde es unverzeihlich von meinem Bruder, ein derartiges Testament zu hinterlassen. Ich kann wohl verstehen, daß er den Besitz — weil's ein Fideikommißgut ist — seinem einzigen Sohn vererbt, obwohl er diesen kaum gesehen, geschweige denn, gekannt hat und nicht weiß, ob ein Gentleman oder ein Verbrecher aus ihm geworden ist. Das ist schon an und für sich ein Vabanque-Spiel, das er seinen Geschwistern nicht hätte antun dürfen. Aber daß er uns in keiner Weise gesichert hat ...“

„Wieso?“ warf der Baron ein. „Wir sind doch alle bedacht worden.“

„Jawohl, mit Geld“, ereiferte sich seine Gemahlin. Was ist aber, wenn dieser Carlo, dieser Zirkus-Clown, uns hier einfach herauswirft?“

„Das kann er nicht tun.“

„Warum sollt' er das nicht können? Durch das Testament sind wir davor in keiner Weise geschützt. Und wissen wir, was so einem jungen Landstreicher, der den Begriff Heimat und Vaterland, geschweige denn Tradition, nicht kennt, wissen wir, was dem einfällt?“

„In dem Fall, Baronin“, wagte ich einzuwenden, „stehen Sie unter Mieterschutzrecht. Und ich glaube nicht, daß es selbst dem gefinkeltsten Advokaten gelingen würde, Sie und die übrigen Herrschaften herauszubringen."

„Bravo, Hubsi!" rief Clarissa und schüttelte meine Hand.

„Jawohl. Sind een kluger Kop, Hubsi und darauf wollen wir jetzt eens trinken!" Er schlug zweimal auf eine Tischglocke und der alte Jakob erschien mit einem alten Zinnkrug in seinen zitterigen Händen. Der Baron nahm ihm den Krug aus den Händen und schenkte ein.

„Mir bitte auch", sagte die Baronin und fuhr dann fort. „Wenn Sie also so gescheit sind, Hubsi, und überall einen Ausweg wissen, dann sagen Sie uns, was wir machen sollen. Ich könnt' heute noch den Karl Egon — obwohl man Toten nichts Schlechtes nachsagen soll — ohrfeigen und bedaure, daß ich ihn zu Lebzeiten so liebevoll behandelt habe."

Da mich alle erwartungsvoll ansahen, mußte ich natürlich etwas sagen und es sollte überdies kein Blödsinn sein. Mein nachdenklicher Blick fiel auf die gegenüber liegende Wand, an der ein großes Bild „Die Hochzeit von Kanaan" hing, und das inspirierte mich zu folgendem Geistesblitz:

„Wenn Sie also die unmaßgebliche Meinung eines kleinen, unmaßgeblichen . . ."

„Schon genug tiefgestapelt, Hubsi", rief Clarissa dazwischen.

Ich fuhr also fort: „Wenn die Prärie brennt — hab ich gelesen — dann zünden die Indianer ein Gegenfeuer an. Und dann treffen sich beide Feuer, umarmen sich sozusagen und erlöschen . . ."

„Reden's nicht wie Christus in Gleichnissen", rügte die Baronin.

„Nun denn. Soviel ich weiß, ist dieser Carlo zwanzig Jahre alt. Sie, Baronin, haben eine Tochter, die siebzehn und bildhübsch ist ..."

„Soll ich ihn vielleicht heiraten?" rief Clarissa.

„Genau das hab ich gemeint", erwiderte ich und kostete den Wein, der wirklich exquisit war.

„Sie sind ja verrückt!" ereiferte sich Clarissa. „Wir sind doch verwandt, er ist ja mein Vetter."

„Schon, aber gemäß den Erbgesetzen fällt diese Verwandtschaft kaum ins Gewicht."

„Wieso?"

„Sie sind dem blonden, nordischen Vater nachgeraten und er der brünetten, italienischen Mutter."

„Wieso wissen Sie das? Sie kennen ihn ja nicht!"

„Aber ich vermute es, denn der älteste Sohn gerät meist der Mutter nach."

„Wenn er seiner Mutter nur halbwegs ähnlich sieht, meinte der Baron, „dann muß er ein Prachtbursche sein. Seine Mutter war eine der schönsten Frauen Europas."

„Hast du sie denn gekannt, Papa?"

„Ja", nickte der Baron.

„Welche Hetäre hätte dein Vater nicht gekannt?" warf die Baronin mit schiefem Lächeln ein.

„Da hab ich ja feine Eltern!" replizierte Clarissa schlagfertig und brachte die ganze Tischrunde zum lachen.

„Wenn ich mir die Sache recht überlege", begann die Baronin nach einer Weile, „hat der Hubsi gar nicht so unrecht. Es ist sogar — genau betrachtet — das Ei des Columbus."

„Sehr richtig!" bestätigte ihre Schwester, die bisher geschwiegen hatte.

„Na, jedenfalls werde ich mir das Kuckucksei vorher recht genau ansehen", brummte der Baron. „Aber jetzt trinken Sie man, junger Freund, zum Wohle!"

„Und was macht ihr, wenn er mir nicht gefällt?" fragte Clarissa.

„Dann bleibt nischt anderes übrig", sagte der Baron, der schon ein paar Gläschen intus hatte, „dann muß ihn eben deine Mutter verführen, gelt, Muttchen?" und er blinzelte seiner Gemahlin, die ihn wütend ansah, verschmitzt zu, denn er hatte sich gerächt.

*

Das Begräbnis war am Sonntag und der Schloßhof war schwarz von Menschen. Auch mein Chef war gekommen und ließ sich von mir ausführlich über das Testament und Carlo berichten. Der Kondukt war einen guten Kilometer lang und marschierte unter den Klängen von Beethovens ergreifendem Trauermarsch dem kleinen Friedhof des Ortes zu. Zwei Wagenladungen an Kränzen und Blumen folgten dem Sarg. Von den Nachrufen, die am offenen Grab gehalten wurden, verstand ich kein Wort, denn ich war ganz nach hinten abgedrängt worden. Aber ich trauerte auch um den Verstorbenen und fühlte die Tränen emporsteigen, als ein Männer-Quartett einen wunderschönen Choral sang, während der Sarg in die Erde gesenkt wurde.

Und am nächsten Tag ging der Alltag wieder weiter, als hätte es nie einen Grafen Karl Egon gegeben.

Die Tage vergingen, das Wetter klarte auf und war für den Fortschritt der Waldarbeiten günstig. Es hatte zwar ein wenig geschneit, aber das bißchen Schnee behinderte die Arbeit in keiner Weise. Inzwischen war auch das Weihnachtsfest, an dem ich zwei Tage daheim gewesen, vorbei und es war schon nach Neujahr, als Fanny, die mir jetzt täglich das Frühstück brachte, mit der großen Neuigkeit in mein Zimmer trat: „Heut kommt er!"

„Der Carlo?" fragte ich neugierig.

„Ja. Vorhin hat der Notar angerufen. Der Carlo ist bereits in Wien und er kommt heute heraus."

„Allein oder mit dem Notar?"

„Allein."

„Und wie werden wir's wissen, daß er's ist?"

„Er fährt einen roten Alfa Romeo und der Notar hat die Autonummer durchgegeben. Der Notar kommt später nach. Der Carlo soll sich erst alles hier anschaun und kennenlernen."

„Na, auf den Spaß bin ich neugierig!"

Und dann sprachen wir von anderen Dingen, denn Fanny hatte sich auf meinen Schoß gesetzt und begann mich abzubusseln. Sie hatte heute ihren zärtlichen Tag und ich mußte mich mit Gewalt losreißen, denn die Arbeit rief.

Als ich mittags zurückkam und in mein Zimmer ging, wartete schon eine verstörte Fanny auf mich.

„Ist er schon da?" fragte ich.

„Ja", nickte sie. „Aber erst ist er ins Sägewerk gegangen, wo ihn niemand kennt und niemand etwas von seiner Ankunft wußte. Und dort hat er das Notizbuch meines Onkels eingesteckt, der gerade nicht in seiner Kanzlei war."

„Na und? Ist das denn ein Malheur?"

„Ein großes sogar. Der Onkel war vorhin bei mir

48

und hat mich bei allen Heiligen beschworen, ich soll ihm das Notizbuch wiederbeschaffen. Ich soll's dem Carlo aus der Tasche stiebitzen und ihm zurückbringen. Er will mir hundert Schilling dafür geben."

„Warum verlangt er's nicht selber vom Carlo?"

„Weil ... weißt du, der Onkel baut ein Haus ... für die Pension ..."

„Mein Gott, das ist doch kein Grund ..."

„Nein. Aber damit's billiger kommt, zweigt er manchmal ein paar Bretter und Kanthölzer ab, die er auf seinen Grund führt. Und von den Käufern bekommt er auch ab und zu kleine Provisionen ... und das steht alles in dem Büchel drin."

„Ach so!" sagte ich und dachte an das Bretter-Wagerl, welches fast täglich in dem versperrten Schuppen abgeladen wurde.

„Was soll ich machen, Hubsi?"

„Weißt du, daß dein Onkel auch vom Holz unserer Firma einiges verschwinden läßt?"

Sie senkte den Kopf: „Aber ich muß ihm doch helfen", murmelte sie.

„Dann schau eben dazu, daß du das Notizbuch wieder bekommst. Ich glaube, der Carlo weiß gar nicht, was er da eingesteckt hat."

„Meinst du?" fragte sie hoffnungsvoll.

„Natürlich! Denn was versteht schon ein Zirkusmensch von derlei Dingen? Vielleicht hat er's nur so in Gedanken oder aus Versehen eingesteckt."

„Hoffentlich hast du recht. Ich weiß auch schon, wie ich's mach. Ich werd' am Abend in sein Zimmer gehen und seinen Anzug zum Putzen herausholen, obwohl das eigentlich nicht meine Arbeit ist ... Im übrigen bist du heute wieder zum Nachtmahl eingeladen, Hubsi. Die Messalina will, daß du dabei bist. Die hat an dir einen Affen gefressen oder sie hat den Gedanken noch nicht aufgegeben ... na, du weißt schon was."

„Ist der Carlo eigentlich schon unten?"

„Nein, der kommt erst zum Nachtmahl, hat er sagen lassen."

„Und wo ist er jetzt?"

„Keine Ahnung."

Als ich abends ins Schloß kam, lief ich Clarissa in die Arme.

„Er ist schon da!" rief sie mir aufgeregt entgegen.

„Wie sieht er denn aus?" fragte ich.

„Eigentlich sehr gut. Nur ein bisserl größer könnt er für meinen Geschmack sein."

„Alle Artisten sind mittelgroß und alle Geistesgrößen waren klein."

„So? Aber ich muß jetzt hinein. Mama will mir noch was Wichtiges sagen."

Dieses ‚Wichtige' erfuhr ich noch, ehe ich hinunterging, durch Fanny, die an der Türe gelauscht hatte und rasch zu mir heraufgelaufen kam.

„Die Messalina hat ihrer Tochter in Anwesenheit der ‚hatscheten Gräfin' eröffnet, daß der Familienrat beschlossen hat, sie mit Carlo zu verheiraten. Und da halte man es für das Beste, das Eisen zu schmieden, so lange es heiß sei. Kurzum, die Clarissa soll den Carlo verführen."

„Und was hat die Clarissa dazu gesagt?"

„Sie hat nur ‚Gott, wie aufregend' gerufen, doch man hat nicht den Eindruck gehabt, daß sie dagegen wär'. Carlo soll in Clarissas Zimmer einquartiert werden, hat die Messalina weiter erklärt, man werde es aber so einrichten, daß Carlo noch ein wenig zurückgehalten wird, während sich Clarissa in ihr gewohntes Bett legt und das Licht auslöscht. Wenn Carlo später ins Zimmer kommt, findet er in seinem Bett seine hübsche Cousine. Und Clarissa muß jetzt die Überraschte spielen, die vom Zimmertausch nichts gewußt hat, darf ihn aber ja nicht weglassen, falls er den Kavalier spielen und das Zimmer verlassen wollte. Später dann würden die beiden Damen durch die rückwärtige Türe hereinkommen — ein Vorwand dafür wird sich schon finden — die beiden in flagranti überraschen und gleich den Hochzeitstag festlegen."

„Und wie stellt sich Clarissa dazu?"

„Sie fand das zwar gemein, war aber scheinbar nicht dagegen. Dazu ist ein junges Mädchen viel zu neugierig auf's Verführt-Werden."

„Sie soll ihn ja verführen", warf ich belustigt ein.

„Ich bitt' dich!" sagte Fanny. „Seit wann läuft die Mausfalle der Maus nach? Aber paß auf! Das Lustige kommt jetzt erst. Die Messalina hat Bedenken gehabt, daß ihre Tochter, die ja in einem Kloster erzogen wird und erst siebzehn ist, von diesen Dingen zu wenig weiß und hat versucht, sie aufzuklären, damit sie keinen faux pas begeht. Als ob man einem jungen Enterl das Schwimmen beibringen müßt", fügte sie boshaft hinzu und lachte.

„Wie hat sie ihr's denn erklärt?" fragte ich amüsiert.

„Weißt, obwohl die Messalina selbst a Draufgängerin ist, bei der Aufklärung ihrer Tochter ist sie wie die Katz um den heißen Brei herumgegangen."

„Erzähl, Fanny. Das ist interessant!"

„Natürlich! Sowas interessiert euch Mannsbilder. Also hör' zu. Sie hat damit angefangen, daß sie die Clarissa gefragt hat, ob sie schon an unbekleideten — sie hat nicht nackten gesagt — also ob sie schon an unbekleideten Mann gesehen hat. Massenhaft, hat die Clarissa erwidert. Und auf die entsetzte Frage der beiden Damen, wo denn? hat die Clarissa geantwortet, am Gänsehäufel beim Baden. Ach so! hat die Messalina erleichtert aufgeatmet. Aber da hätten alle Schwimmhosen angehabt. Und ob ihr nun an diesen Männern etwas Besonderes aufgefallen sei, hat die Messalina gefragt. Doch, sagt die Clarissa, alle hätten vorne an der Schwimmhose so komische Ausbuchtungen gehabt. Du hast eine gute Beobachtungsgabe, hat sie die Mutter gelobt, und die Natur habe es nun so eingerichtet, daß diese Ausbuchtungen der männlichen Schwimmhosen Gegenstücke zu den Einbuchtungen der Damentrikots seien und groß genug . . ."

„Ich würde nicht groß genug sagen", hat die hatschete Gräfin eingeworfen.

„. . . sondern?"

„Passend würde ich sagen. Jawohl, passend."

Wir lachten beide herzlich und ich fragte: „Und weiter?"

„Ja, und dann hat die Messalina gemeint, die Clarissa möchte nicht erschrecken oder schockiert darüber sein, daß diese — ansonsten wenig salonfähigen Körperteile — beim Verführen eine gewisse Rolle spielen, sondern sie möchte die Dinge ruhig an sich herankommen lassen.

Da hat sich die hatschete Gräfin wieder gemeldet: „Ich möchte nicht ,die Dinge' sagen . . ."

„Sondern?"

„... sondern nur in der Einzahl reden."

Fanny bekam einen neuerlichen Lachanfall, zog mutwillig meine mühsam gebundene Krawattenschleife auf und eilte zur Tür hinaus.

Ich war also um acht Uhr unten und wurde ins Speisezimmer geführt, wo der Baron Carlo eben den Damen vorstellte. Ich sah zu, wie er seinen Tanten formvollendet die Hand küßte, bei Clarissas Anblick erstaunt und bewundernd die braunen, lustigen Augen aufriß, mit einer echt italienischen Geste die Linke aufs Herz legte und dann Clarissa auf beide Wangen küßte. Mir drückte er herzlich die Hand:

„Auch ein Cousin?" fragte er.

„Nein", erklärte der Baron, „ein Geschäftsfreund, der vorübergehend im Schloß wohnt."

Dann setzten wir uns auch zu Tisch und der lebhafte Carlo sorgte dafür, daß die Konversation stets im Gang blieb. Er sprach fließend deutsch, doch eine gewisse Härte in der Aussprache ließ erkennen, daß es nicht seine Muttersprache war. Auch flocht er oft Worte aus anderen Sprachen ein.

„Wieviel Sprachen kannst du eigentlich, mein Junge?" fragte der Baron, dem Carlo sichtlich Spaß machte.

„Och, ich weiß nicht", meinte dieser. „Wir haben uns in jedem Land länger aufgehalten und ich konnte mich überall verständigen. Nur ungarisch und türkisch hat mir Schwierigkeiten bereitet."

„Und was haben Sie — ich meine — was hast du im Zirkus gemacht, Carlo?" fragte Clarissa.

„Och" (mit ‚och' begann er fast jeden Satz) „allerhand Nummern. Als kleiner Junge war ich Kunstreiter."

„Was macht man denn da?" wollte Clarissa wissen.

„Beste Nummer war: ein Clown hält das Pferd und ich steige von einem Podest — weil bin ich noch soo klein — auf seinen Rücken. Dann ich reite eine Runde und dann stehe ich auf und reite eine Runde stehend und mache auf dem Pferd Salto nach rückwärts und noch einen Salto . . .“

„Wie? Du überschlägst dich in der Luft?“

„Yes. Salto nach rückwärts. Soll ich dir zeigen, Cousine Clarissa?“

Und er stand auf, ging vom Teppich weg und ohne Anlauf, Eins-Zwei, überschlug er sich vom Stand weg nach rückwärts, kam elegant auf die Beine und setzte sich wieder auf seinen Platz. Es war ihm nicht die geringste Anstrengung anzumerken.

Wir lachten alle, mit Ausnahme der Baronin, die staunend und mißbilligend den Kopf schüttelte.

„Wie alt warst du da?“ fragte der Baron.

„Mit fünf Jahren habe ich das begonnen. Aber Nummer geht noch weiter: Dann kommt zweites Pferd in Manege und ich setze einen Fuß auf ein Pferd und anderen Fuß auf anderes Pferd. So reite ich zwei Runden. Dann kommt kleiner Hund gelaufen, Pferd erschrickt und ich mache Salto von Pferderücken auf Sägspänboden . . .“

„Allerhand!“ ruft Clarissa bewundernd, „und das als fünfjähriger Bub!“

„Man muß bald anfangen, solange noch Knochen biegsam. Und dann kommt letzte Phase. Ich laufe mit Pferd mit, Clown steht da und hält Hände verschränkt vor sich wie Steigbügel. Ich steige im Laufen hinein, er hilft nach und ich bin — hups — wieder auf Pferd oben.“

54

„Großartig!"

„Publikum applaudiert und während Pferd zur Ausgangsgasse läuft, rutsche ich über Pferdepopo hinunter und verbeuge mich vor Publikum."

Fanny war hinter mir stehen geblieben und hatte gleichfalls dem gestenreichen Vortrag zugehört, dabei aber mit Daumen und Zeigefinger mein Ohrläppchen massiert. Ein mahnender Blick der Baronin scheuchte sie hinaus und sie kam mit dem Braten wieder, während der alte Jakob den Serviettenknödel auf den Tisch stellte und die Saucière holte.

„Und sind Sie nie zur Schule gegangen?" fragte ich.

„Nein, dazu war keine Gelegenheit. Aber mein Großvater hat mir drüben in den Staaten einen deutschen Professor engagiert, der irgend was am Kerbholz hatte und der hat meine Erziehung übernommen. Er war ein großartiger Lehrer und ich mußte vier Stunden täglich lernen. Er hat uns auch die Buchhaltung geführt und die Gagen-Verrechnung gemacht. Ich habe es jedenfalls so weit gebracht, daß ich in Wien zur Matura zugelassen wurde und die habe ich auch bestanden, bitte."

„Das ist sehr lobenswert", meinte die Baronin, die zum ersten Mal das Wort ergriff. „Aber jetzt iß, Carlo. Dieser Braten wurde dir zu Ehren gemacht."

Gegen Schluß der Mahlzeit, als die Gemüter durch den Wein schon aufgelockert waren, wollte die Baronin wissen, was Carlo später im Zirkus gemacht habe.

„Ich habe dann als Musik-Clown gearbeitet. Eine prima Solo-Nummer und nicht leicht."

„Erzähl doch!" drängte Clarissa.

„Also das ist so. Musik unten spielt und plötzlich erklingt, von oben aus der Kuppel, Violin-Solo. Scheinwerfer wird auf mich gerichtet. Ich stehe ganz oben auf einem Brett und spiele. Dann spielt wieder Musik unten und ich ziehe eine Flasche aus der Tasche und trinke. Da kommt wieder mein Einsatz und spiele wieder solo. Dann spielt Orchester unten, ich stelle mich betrunken und geh' auf dem Brett auf und ab. Das Publikum unten zittert. Und richtig, ich trete zu weit nach vorn und falle vom Brett hinunter. Publikum schreit auf, im Lichtschein oben ist nichts zu sehen. Doch wie wieder mein Part kommt, stehe ich unten in der Manege und spiele präzise weiter. Scheinwerfer suchen mich, finden mich unten in der Manege, Publikum atmet erleichtert auf und klatscht frenetisch Beifall."

„Unwahrscheinlich! Und wie machst du das?"

„Ich bin zweifach gesichert. Oben häng' ich an einem Seil und unten ist ein Netz mit Sprungmatratze. Ich spring also ins Netz, genau in die Mitte der Matratze, die hochschnellt und mich in die Manege wirft."

„Und wie hoch ist's von der Kuppel bis zum Netz?" fragte ich.

„Genau sechs Meter."

„Wenn Sie da nicht in die Mitte der Matratze springen, können Sie trotzdem ein Bein oder auch beide brechen."

„Sie haben's erfaßt. Das ist das Risiko und da muß alles auf den Millimeter genau dastehen."

„Du hast also jeden Tag Kopf und Kragen für den blöden Zirkus riskiert", rügte die Baronin.

„Nicht jeden Tag. Aber Zirkus-Arbeit ist eben Risiko", sagte er bescheiden.

„Und war die Nummer damit aus?" fragte Clarissa.

„Nein, aber der Rest war kinderleicht. Ich lege Violine auf Klavier, das hereingetragen wird und fange an, Klavier zu spielen. Zweite ungarische Rapsodie von Brahms. Und da kommt Ballett hereingeflattert und tanzt Czardas und die Clowns und Parterre-Akrobaten absolvieren dazwischen ihre komischen Kunststücke."

„Nein! Klavier spielen kannt du auch? Spiel uns bitte was vor!" bat Clarissa und eilte ins Nebenzimmer, wo der Flügel stand, ließ die Türe offen und knipste das Licht an.

Carlo folgte ihr und im nächsten Augenblick erklangen die meisterhaft gespielten Czardas-Weisen durch den Raum. Mit Ausnahme der beiden Damen kam alles in den Salon, und Clarissa schnappte mich und begann mit mir Czardas zu tanzen, obwohl ich von diesem Tanz keine Ahnung hatte. Ich wollte aber kein Spielverderber sein und ahmte ihre Figuren — so gut es ging — nach. Dann kamen zögernd Fanny und der alte Jakob herein und auch das Küchenpersonal steckte seine Köpfe zur Türe herein; kurzum, die Stimmung drohte ins Demokratische auszuarten, alles hüpfte Takt klatschend durcheinander, bis das Spiel abbrach und die Baronin in der Türe erschien und mit befehlsgewohnter Stimme rief: „Ja, sind wir denn im Café Abbeles?"

Wir setzten uns also alle wieder zu Tisch und Carlo plauderte flott darauf los, gab verschiedene Episoden aus dem Zirkusleben zum besten und hielt die ganze Gesellschaft mit seinen Erzählungen im Bann.

Um halb zehn brachen die Damen auf und wir Männer blieben noch allein sitzen. Der Baron forderte Carlo zum Trinken auf, doch der erklärte ihm, ein Zirkusmensch, der in Form bleiben wolle, müsse sich vor Alkohol hüten.

„Na, jetzt bist du aber nicht mehr beim Zirkus",
meinte der Baron, „da kannst du schon ein wenig über
die Stränge schlagen ... Da fällt mir übrigens ein,
Carlo, warum bist du zuerst ins Sägewerk gegangen und
nicht gleich ins Schloß gekommen?"

Er habe sich erst ein wenig informieren wollen, erwiderte Carlo verlegen. Das sei beim Zirkus so Sitte.
Man muß wissen, wo man das Zelt hinbauen darf, wer
die maßgebenden Männer im Ort seien und so weiter.
Im übrigen habe er dort in Gedanken ein Notizbuch
eingesteckt, das er wieder zurückbringen müsse. Und er
zog es aus der Tasche und wippte es in der Hand auf
und nieder.

Ich nahm es ihm rasch aus der Hand und erklärte,
daß ich morgen ohnedies in die Säge müsse und ihm
daher den Weg ersparen könne. Keiner von den beiden
schenkte der Sache irgendwelche Bedeutung und so
steckte ich das Büchlein ein. Dann brachen wir auf.
Carlo wollte noch in die Bibliothek, um sich ein Buch
für die Abendlektüre zu holen und ich ging schnur-
stracks in mein Zimmer hinauf und wartete dort auf
Fanny. Ich mußte ziemlich lange warten und da trank
ich noch zwei Gläschen Jamaika-Rum und das war ein
Fehler.

Endlich kam Fanny; reichlich atemlos setzte sie sich
zu mir an den Tisch und trank den Rum aus, den ich mir
gerade eingeschenkt hatte und verlangte noch ein Glas.
Auch das war ein Fehler, doch das wußten wir damals
beide nicht. Und sie begann sofort zu erzählen.

„Also was mir heut passiert ist, Hubsi, das hätt' ich
mir nicht träumen lassen."

„Na, erzähl schon!" forderte ich sie auf.

„Du weißt ja, daß ich dem Onkel versprechen mußte, ihm sein Notizbüchel zu beschaffen. Ich bin also gegen halb zehn Uhr in Carlos Schlafzimmer geschlichen — eigentlich ist es Clarissas Zimmer — und hab' im Kleiderkasten in seinen Anzügen herumgesucht ..."

„... und nichts gefunden."

„Leider. Dann hab ich in die Nachtkasten-Lade geschaut und da tut sich plötzlich die Tür auf und ich hör' die Baronin mit Clarissa reden. Beide sind in der Türe gestanden und ich hab' mich rasch hinter's Nachtkastel geduckt. Was tun? Davonlaufen konnt' ich nicht mehr und meine Anwesenheit im dunklen Zimmer hätt' ich auch nur schwer erklären können — und dann hab' ich Angst gehabt ..."

„Warum eigentlich? Du hättest doch ruhig sagen können ..."

„Ich hab aber Angst gehabt und da bin ich rasch unter's Bett gekrochen."

„Och! Jetzt wird die Sache spannend."

„Aber nicht für mich. Die Baronin hat der Clarissa noch ein paar Verhaltungsmaßregeln zugeflüstert, hat sie abgeküßt und dann die Tür zugemacht, während die Clarissa — sie war schon im Nachthemd — ihr Kleid und die Unterwäsche, die sie im Arm gehabt hat, auf einen versteckten Sessel drapiert, das Licht ausgedreht und sich ins Bett gelegt hat. War kein Vergnügen, da unten zu liegen und nur ganz leise und flach atmen zu dürfen. Nach einiger Zeit ist richtig der Carlo mit einem Buch bei der Gangtür hereingekommen, hat sich ausgezogen, ist in seinen Pyjama geschlüpft und zum Bett gekommen. Und da hat er natürlich die Clarissa gesehen. ‚Ja, Clarissa‘, hat er g'sagt, ‚was machst denn du hier?‘

‚Ich könnt' natürlich sagen, daß ich hier auf die Elektrische warte', hat die Clarissa geflüstert, ‚aber das stimmt nicht. Ich wart' auf dich, Carlo. Ich soll dich nämlich verführen.' ‚Das ist ja großartig!' hat der Carlo gelacht, ‚wer hat denn die gute Idee gehabt?' ‚Du sollst mich heiraten, Carlo. Das hat der Familienrat beschlossen. Und damit du's auch wirklich tust, sollen wir in flagranti erwischt werden. Damit du ja nicht kneifen kannst, verstehst? Das hat mir aber nicht gepaßt und da hab' ich die Türe von innen zugeriegelt, so daß wir nicht überrascht werden können. Denn wer läßt sich schon gerne überraschen, wenn er gerade beim Verführen dabei ist?' ‚Du bist großartig, Clarissa', hat der Carlo gelacht, ‚und ich verspreche dir auch, daß ich mich verführen lasse, so lang du willst.' ‚Das hab ich auch von dir erwartet', hat die Clarissa gesagt. ‚Aber du mußt mir vorher versprechen, daß du mich nachher heiratest.' ‚Ich schwöre es dir, Clarissa!' ‚Dann mach' bitte das Licht aus. Bei Licht geniere ich mich zu sehr.'"

Wir lachten beide und Fanny trank noch einen Schnaps.

„Und wie gings weiter?" wollte ich wissen.

„Dreimal darfst du raten, Hubsi", sagte sie und setzte sich auf meinen Schoß. „Ich hab jedenfalls die Gelegenheit benützt, mich zu verdrücken und da bin ich!"

„Ich hab schon die ganze Zeit auf dich gewartet."

„Aber das Notizbuch hab ich trotzdem nicht. Das macht mir Kummer."

„Das hab ich", sagte ich und legte es auf den Tisch.

Fanny griff hastig danach, doch meine Hand lag auf dem Buch. „Ich werde es deinem Onkel selbst geben", sagte ich. „Allerdings unter einer gewissen Bedingung."

„Das wirst du nicht tun!" sagte sie heftig.

„Ich werde es ihm geben, wenn er mir die Bretter ausfolgt, die er meiner Firma gestohlen hat."

„Schau, Hubsi", sagte sie. „Mein Onkel ist schon dreißig Jahre Sägeleiter und seit dreißig Jahren ist er unterbezahlt. Verstehst du das?"

„Schon, aber das hat nichts mit meiner Firma zu tun."

„Wird deine Firma wegen der paar Bretter schon ärmer?"

„Wahrscheinlich nicht. Aber ich werde dafür bezahlt, daß ich die Interessen meiner Firma hier wahrnehme und darf von ihrem Eigentum nichts wegschenken. Dein Onkel hat nun einmal Butter am Kopf . . ."

„Als ob nicht jeder Mensch in irgendeiner Form Butter am Kopf hätte!" sagte sie verbittert. „Was ist mit dir, mein lieber Hubsi? Stiehlst du nicht auch meine Liebe, ganz ohne Gegenleistung?"

Der Hieb saß: „Das stimmt allerdings", murmelte ich.

„Na, siehst du!" Sie stand auf und stellte sich kampflustig neben mich: „Siehst du nicht, wie gemein du dich benimmst? Was würdest du sagen, wenn ich den Spieß umdrehen und fordern würde: entweder du gibst mir das Notizbuch oder ich komme nie mehr zu dir. Was würdest du tun, Hubsi, he?"

Und da ritt mich der Teufel oder der Alkohol, der in meinem Kopf rumorte und ich sagte — und ich glaubte damit einen guten Scherz zu machen, der die Situation entspannen würde.

„Dann müßt' ich eben zur Baronin gehen", und grinste sie dabei blöd an.

Da blitzte es in ihren dunklen Augen auf und sie trat noch einen Schritt näher: „Was? Das würdest du tun ... Das könntest du mir antun?"

Ich grinste noch immer blöd, weil mir nicht einging, daß sie den Scherz nicht verstehen könnte.

Da schlug sie mir ihre Hand ins Gesicht, zischte: „Pfui!" und eilte zur Tür hinaus.

Ich war tief gekränkt, denn ein Schlag — auch wenn er von einer Frau kommt — verletzt. Trotzdem sah ich nach einiger Zeit ein, daß ich mich blöd benommen hatte, denn nicht jeder Mensch hat Verständnis für blöde Witze, ging auf den Gang hinaus und pochte leise an ihre Türe. Ich probierte die Klinke, doch die Tür war verschlossen und drinnen rührte sich nichts. Lärm durfte ich nicht machen und so schlich ich wieder in mein Zimmer zurück. Dort fiel mein Blick auf die halbvolle Rumflasche, die auf dem Tisch stand. ‚Jetzt', sagte ich zu mir, ‚ist der richtige Moment, sich zu besaufen und dann wie ein Sack ins Bett zu plumpsen und traumlos bis zum nächsten Morgen zu schlafen.'

Ich holte mein Zahnglas, das größer war als die kleinen Stamperln, goß es voll und setzte mich damit auf's Bett, wo ich den Rum schluckweise austrank, wobei ich finster vor mich hinstierte. Doch je mehr ich trank, desto lichter wurde mein Gemüt und ich begann zu spintisieren: ‚Wenn ich ein Dollar-Millionär wäre', dachte ich, ‚würde ich mit meiner Jacht in die Südsee fahren ... auf eine möglichst ferne Insel, wo's nur Eingeborene gibt und keine weißen Frauen. Dort würde ich mir unter Palmen eine Hütte bauen lassen, würde mir einen Lendenschurz umbinden, wie die Eingeborenen, mit denen ich gemeinsam im Atoll Fische speeren würde.

Und abends würden braune Mädchen um's Feuer Hula-Hula tanzen und mir einen Blumenkranz um den Hals hängen ... braune, unkomplizierte Mädchen ...‘

,Wo steht denn geschrieben‘, grübelte ich weiter, ,daß die Hingabe einer Frau unbedingt als Geschenk dem Mann gegenüber gewertet werden muß? Hat denn der weibliche Partner nicht auch seinen Spaß dabei? Im übrigen hat diese Frage schon die olympischen Götter beschäftigt, und um sich Klarheit zu beschaffen, wer von den beiden den größeren Genuß hat, haben sie den Gott Hermes vorübergehend in eine Frau verwandelt. Und dieser konnte dann den Göttern berichten, die größere Lust empfindet die Frau ... Zugegeben, das Risiko ist bei ihr größer. Es reicht von der üblen Nachrede bis zur Bauchhöhlen-Schwangerschaft. Aber wann hat dieses Risiko ein weibliches Wesen abgehalten, ein Rendez-vous mit ihrem Liebsten zu haben?‘

Obwohl ich nur die Nachttisch-Lampe angeknipst hatte, störte mich deren Licht und ich wickelte eine Zeitung um die Birne, so daß das Zimmer nunmehr in mystischem Dämmer lag und ich mit meiner besoffenen Logik weiter phantasieren konnte: ,Wie schön wär's doch, reich und unabhängig zu sein! Schließt nicht das Geld, als modernes ,Sesam-öffne-dich‘ die Türen aller Wünsche auf? Man könnte zum Beispiel nach Afrika fahren und dort eine schwarze Sklavin kaufen. Doch nein! Eine Sklavin, und eine schwarze noch dazu, möchte ich doch lieber nicht! Den Inbegriff aller weiblichen Tugenden soll die Japanerin verkörpern, die immer mehr in Mode kommt, heißt es zumindest ... Und dann begann ich darüber zu grübeln, ob es denn wirklich so schwer sei, auf der sozialen Leiter empor zu klettern?

Fort aus der amorphen Masse der Subalternen, die ihr Leben lang Anweisungen entgegennehmen müssen und von der Benevolenz irgendeines unsympatischen Kerls abhängen. Die nicht arbeiten können, wann's ihnen paßt und faulenzen, wenn sie die Lust dazu ankommt? Wenn ich unabhängig wäre — grübelte ich weiter — würde ich morgen von hier fortfahren und müßte mich nicht mit Problemen herumschlagen, die zwar weder tragisch, noch weltbewegend sind, derentwegen ich mich aber besoffen habe, wie eine Dostojewski'sche Roman-Figur.'

Während ich nun so idiotisch auf meinem Bett saß und vertrottelt vor mich hinkicherte, statt mich ins Bett zu legen und auszuschlafen, um morgen wieder fit zu sein, vermeinte ich die Türklinke zu hören. Sollte Fanny?! Ich blickte zur Tür hinüber und da sah ich eine weibliche Gestalt in einem Pelzmantel, die mir gerade den Rücken kehrte, weil sie den Schlüssel im Türschloß umdrehte. Das hatte Fanny nie getan. Sie hatte einfach den Riegel vorgeschoben. Jetzt kam die Gestalt auf mich zu, und da ich in der Dämmerung nicht ausmachen konnte, wer das war, fragte ich:

„Wer bist du?"

„Ich bin Potiphars Weib", erwiderte sie und jetzt erkannte ich die Stimme der Baronin. „Und du bist besoffen, mein lieber Josef!" fuhr sie fort.

„Erraten", gab ich freundlich zu, denn ich war in milder Stimmung. „Aber Josef heiß ich trotzdem noch nicht, auch wenn ich ein Schwipserl hab'."

„Also wenn du das ein Schwipserl nennst, dann möcht' ich gern wissen, was ein richtiger Rausch ist!"

Dabei war sie dicht herangekommen und ich schnupperte den frischen Duft ein, den sie ausströmte: „Du riechst, wie ein ganzer Fichtenwald", sagte ich bewundernd.

„Weil ich eben gebadet hab'. Aber du, mein Lieber, stinkst wie eine ganze Schnaps-Boutik. Aber vielleicht ist das die richtige Stimmung. Denn das letzte Mal bist du mir davongelaufen wie der keusche Josef von Ägypten."

„Du hast's erraten. Ich bin grad in der richtigen Stimmung. Auf die Minute hast du's erraten ... Denn wärst du nur ein Viertelstündchen später gekommen, dann hätte mich der große Weltschmerz in seinen Armen und ich hätt' nur salzige Tränen an deinem Busen weinen können."

„Es scheint also so", lachte sie, „daß ein besoffener

Spatz in der Hand wesentlich besser ist, als eine nüchterne Taube am Dach. Allerdings scheine ich heut' die nüchterne Taube zu sein."

„Da kommt mir eine großartige Idee!" fuhr ich mit belehrend erhobenem Zeigefinger fort. „Es gibt ein Mittel gegen ... also gegen die Schnaps-Boutik in meinem Innern. Du trinkst ganz einfach auch ein Glas von dem vorzüglichen Rum und dann sind wir quitt."

Sie begann wieder zu lachen, gab mir einen Klaps auf die Wange, nahm dann die Flasche auf, schenkte mein Zahnglas halb voll und trank es in einem Zug aus.

„Also jetzt sind wir quitt", sagte sie, von meiner besoffenen Logik angesteckt. „Und wenn der Mohammed nicht zum Berg kommt, dann kommt der Berg eben zu Mohammed!" Damit ließ sie ihren Mantel achtlos zu Boden gleiten und Mohammed sah nackte Hügel und Berge vor sich.

Im gleichen Moment allerdings hatte sie das Licht ausgeknipst.

Trotzdem ich mehr Schlaf gebraucht hätte, wachte ich zur gewohnten Stunde auf, wusch mich ausgiebig, kleidete mich rasch an und wartete nicht auf das Frühstück. Ich schnallte meine Aktentasche um und fuhr auf meinem Fahrrad in den Ort hinunter. Dort kaufte ich ein festes Kuvert, adressierte es an den Sägeverwalter Bobek, klebte eine Marke drauf und warf es in den Briefkasten beim Postamt. Dann ging ich zum Ochsenwirt hinüber, bestellte mir in der Küche ein opulentes Frühstück, Schinken mit Ei, zwei Tassen Kaffee und dazu einen großen Slivowitz, der einen verkaterten Magen wieder auf gleich bringen soll.

Ich war mit dem Frühstück noch nicht fertig, da sah

ich durch's Fenster der Gaststube ein Auto vorfahren, dem — zu meiner nicht geringen Verwunderung — als deus ex machina, mein Chef und Kollege Mayer entstiegen.

„Ausgezeichnet, daß wir Sie hier treffen, Hubsi", sagte der Chef und setzte sich nach der Begrüßung an meinen Tisch. „Sie sehen aber nicht gut aus, mein lieber Freund", meinte er, nach einem prüfenden Blick auf mein Gesicht.

„Tja, die Arbeit hier ist auch recht anstrengend", sagte ich.

„Na, jedenfalls scheinen Sie einen guten Appetit zu haben", lächelte er, auf die vielen Tassen und Teller deutend, die vor mir standen. Und nachdem er das Frühstück bei der Wirtin bestellt hatte, wandte er sich mir zu: „Also passen S auf, Hubsi. Hier ist jetzt alles eingelaufen und die Arbeiten nähern sich ihrem Ende. Sie sind also hier entbehrlich, denn ich brauche Sie anderwärts. Sie müssen morgen nach Triest fahren."

„Gern", sagte ich freudig und es kam mir vom Herzen.

„Na, das ist recht", meinte er, denn er hatte Widerstand befürchtet und zündete sich umständlich seine dicke Zigarre an. „Ich habe Herrn Mayer gleich mitgebracht. Dem erklären und übergeben Sie alles. Er bleibt hier und wird im Gasthof wohnen. Dann fahren Sie mit ihm in den Schlag, stellen ihn den Leuten als Ihren Nachfolger vor. Ich fahre nach dem Frühstück ins Schloß hinauf, schick' ihnen aber den Wagen für die Fahrt in den Wald, und wenn ihr fertig seid, so kommt mir nach ins Schloß. Wie ist denn der neue junge Graf?"

„Prima", sagte ich und berichtete ihm, während er

seinen Kaffee schlürfte, soviel ich für nötig und richtig hielt. Er hörte interessiert zu, stellte noch einige Fragen und verabschiedete sich dann.

Nachdem ich also meinem Kollegen Mayer meine Agenden übergeben und mit ihm im Schlag draußen war, fuhren wir ins Schloß hinauf.

„Was höre ich, Hubsi", empfing mich der Baron, der uns die Türe öffnete. „Sie wollen uns verlassen?"

„Wollen nicht", erwiderte ich, „aber Befehl ist Befehl." Ich stellte ihm Herrn Mayer vor und entschuldigte mich, weil ich oben noch meine Sachen einpacken müsse.

„Schön. Und kommen Sie dann gleich runter. Es gibt nämlich noch'n Abschiedsschmaus ... eigens für Sie arrangiert."

Ich packte also meinen Koffer, wobei ich ein wenig trödelte, denn ich hoffte, Fanny würde zu mir kommen. Da aber niemand kam, trug ich meinen Koffer zum Auto hinunter und ging dann in den ersten Stock hinauf. Diesmal öffnete mir Clarissa. Sie fiel mir um den Hals und raunte mir ins Ohr: „Ich bin sooo glücklich, Hubsi."

Im Speisezimmer waren die übrigen um die gedeckte Tafel versammelt, auf der allerhand Leckerbissen und diverse Wein- und Likörflaschen standen. Ich wurde herzlich begrüßt und die Baronin, der ich die Hand küßte, tätschelte mir zärtlich die Wange.

„Ich hab' Ihren Chef gebeten, Sie doch hier zu lassen, Hubsi, denn was sollen wir ohne Sie anfangen? Aber er hat ein Herz wie Stein. Und gerade jetzt hätten wir Sie dringend gebraucht."

„Also, wissen Sie Hubsi, ich staune, wie Sie sich da

eingetegelt haben. Mich frißt beinahe der Neid", sagte mein Chef. „Es scheint so, daß ich Sie zum nächsten Kauf werde mitnehmen müssen."

„Unbedingt", sagte die Baronin, „sonst kriegen S nichts!" und sie lächelte mir vertraulich zu.

„Wo ist denn die Fanny?" fragte ich den alten Jakob, der bei Tisch bediente.

„Hat — bittscheen — furchtbare Schnupfen ... ganz rote Augen ... hat sich ins Bett g'legt, damit sie nicht ansteckt Herrschaften ... Kann ich Ihnen — bittscheen — empfehlen Ganslleber, Herr Hubsi, is' ganz frisch." Genau so, wie der Baron niemals den österreichischen Dialekt erlernen würde, würde Jakob auch niemals deutsch lernen.

„Ich habe gehört, Herr Hubsi", sagte Carlo, der sich, mit einem Weinglas in der Hand, zu einer Ansprache erhoben hatte, „daß Sie derjenige waren, der die gute Idee für Clarissa und mich hatte. Und da muß ich Ihnen danken ... aus vollem Herzen danken. Und ich möchte Ihnen sagen, daß Sie hier Freunde erworben haben und daß unser Haus hier und unsere Herzen immer für Sie offen sind. Wenn Sie also einmal Schwierigkeiten haben sollten — das Leben ist ein großes Ringelspiel — dann kommen Sie getrost her und wir werden helfen, wie und wo wir können. Das war auch beim Zirkus so Sitte. Und wenn Sie Ihren Sommer-Urlaub hier verbringen oder einen Hirsch schießen wollen, die es hier geben soll, bitte kommen Sie als unser lieber Freund ..."

„Darf ich ihm ein Busserl geben?" fragte Clarissa.

„Aber natürlich!" lachte Carlo und nachdem mich Clarissa regelrecht abgebusselt hatte, umarmte mich auch Carlo und küßte mich auf beide Wangen.

„Da kann ich aber net zuschaun!" rief die Baronin temperamentvoll, winkte mich zu sich heran und küßte mich gleichfalls.

„Ich bin beschämt über so viel Herzlichkeit und unverdiente Güte", erwiderte ich — ehrlich gerührt — und erhob mein Glas. „Ich weiß nicht, ob und wann ich Sie wiedersehen werde, denn keiner kann in die Zukunft sehen, aber seien Sie überzeugt, daß ich diese Zeit hier in schöner und dankbarer Erinnerung in meinem Herzen aufbewahren werde, denn es gibt nichts Schöneres auf dieser Welt, als gute Freunde zu erwerben. Und Ihnen, Baronin, möchte ich ganz besonders danken, denn ..."

„Quatsch nicht so lang, mein Jung, und laß' mich ooch zu Wort kommen. Also sagen Sie uns lieber, junger Mann, daß Sie im Herbst zur Pirsch herkommen, damit wir nen Mulâczak feiern können, an dem wir drei Tage besoffen sind. Und jetzt wollen wir auf das Wohl des jungen Paares anstoßen, das im März heiratet und dann nach Italien hochzeitsreisen will. Carlo kennt die Heimat seiner Mutter nur von Zirkus-Gastspielen her. Jetzt soll er sie als Gentleman kennenlernen und Clarissa, mein Liebling, soll endlich die große, schöne Welt sehen, die am schönsten ist während der Hochzeitsreise. Also prosit, allerseits!"

Epilog

Damit ist eigentlich die Geschichte aus. Doch wäre noch ein kleiner Epilog anzufügen.

Nach vier Wochen — ich war von Triest wieder zurück — bekam ich am gleichen Tag zwei Briefe. Einer war großformatig, elfenbeinfarbig und duftete nach Fichtennadeln. Er lautete:

„Lieber Hubsi! Ich möchte dich gern wiedersehen. Ich bin auf ein paar Tage in Wien und wohne — wie immer — im Hotel Sacher, Zimmer 217. Komm' über's Wochenende her, ich lasse dir Zimmer 215 nebenan reservieren."

Der Brief hatte keine Unterschrift.

Der zweite Brief war kleinformatig, lichtblau und duftete nach Fannys süßlichem Parfüm:

„Lieber Hubsi" — schrieb sie in kleinen, krausen Buchstaben, „kannst du mir verzeihen? Ich habe noch am gleichen Abend eingesehen, daß ich mich dumm benommen habe und wollte zu dir. Doch du hattest deine Tür versperrt und das hat mich noch mehr gekränkt. Und am nächsten Tag bist du fort, wahrscheinlich wegen mir. Lieber Hubsi, ich habe mich so gekränkt und aufgeregt, daß ich meinen Posten im Schloß aufgegeben habe. Der Baron hat mir eine Empfehlung an die Frau Sacher in Wien gegeben und da bin ich jetzt und arbeite als Stubenmädchen im Hotel Sacher, das du sicher kennst. — Komm' doch bitte über's Wochenende her. Ich habe ein nettes Zimmerl im Dachgeschoß, römisch drei steht auf der Türe. Frag' unten nicht nach mir. Ich habe den ganzen Samstag Mittag frei und werde auf dich warten."

Nachdem ich beide Briefe gelesen hatte, kam ich mir vor wie Buridans Esel, der — zwischen zwei duftenden Heubündeln angebunden — doch verhungern muß, weil er keines erreichen konnte.

Was hätten Sie, lieber Leser, an meiner Stelle getan? Sie wären sicher auch nicht nach Wien gefahren, gelt?

DIE SPREISSELHOLZ-GESCHICHTE

Als ich noch im Böhmerwald lebte, wo ich für eine
große Papierfabrik arbeitete, fuhr ich eines schönen
Tages — gelegentlich einer Dienstfahrt — an einem
Sägewerk vorbei, wo ich etwas Seltsames beobachten
konnte. Ein Mann warf Spreißelholz in den Bach, der
mitten durch das Werksgelände floß. Ich hatte schon
gehört, daß man Eulen nach Athen trägt, wenn dies
auch paradox sein soll, doch ebenso paradox erschien
mir, Speißelholz, das nur trocken seien Zweck erfüllt, in
einen Bach zu werfen. Ich sagte daher zu unserem
Chauffeur Franzl, neben dem ich saß, jäh:

„Stop!"

Er fuhr an den Straßenrand heran und blieb stehen.
„Was ist los?" fragte er.

„Schauen Sie sich den Mann dort an, Franzl", sagte
ich. „Es ist der junge Woisetschläger, der Sohn des Sägebesitzers. Warum wirft er die Spreißeln in den Bach?"

„Weil wir sie nach Gewicht kaufen", erwiderte der
Fahrer prompt und zündete sich eine Zigarette an.

„Auf die Idee hätte ich eigentlich auch kommen können", meinte ich nachdenklich und fügte aufgebracht
hinzu: „Aber ich werde dem Mann die Rechnung ver-
salzen und werde ihm einen Gewichtsabzug machen.
Vorher will ich allerdings feststellen, wieviel sie an Ge-

wicht zunehmen, wenn man sie einwässert. Was glauben Sie, Franzl, wie lang er sie im Wasser läßt?"

Chauffeure wissen bekanntlich stets alles und so wunderte es mich nicht, daß Franzl auch hier prompt Bescheid wußte: „Ich schätze", sagte er, „daß ihm monatlich ein Waggon Spreißeln anfällt. Er schmeißt den täglichen Anfall stets gleich in den Bach und läßt die Spreißeln bis zur Verladung drin. Die bleiben also durchschnittlich zehn bis vierzehn Tage im Bach."

„Das wird stimmen", meinte ich. „Ich werde also bei uns ein paar vorher gewogene Spreißel vierzehn Tage lang einwässern lassen und dann die Gewichtszunahme feststellen."

„Und was haben's schon davon?" fragte mein Fahrer und schüttelte mißbilligend den Kopf.

„Ich persönlich hab' natürlich nichts davon", begann ich.

„Na also", unterbrach er mich, „und glauben's, daß die paar Netschen, die Sie dabei ersparen, unsere Fabrik überhaupt spürt?"

„Wahrscheinlich nicht, aber ..."

„Aber der arme Teufel, der Woisetschläger, spürt's", fuhr er fort.

„Na, gar so arme Teufel sind die Sägewerke auch wieder nicht", replizierte ich.

„Machen's, wie Sie glauben", brummte er, „aber Sie wer'n sehen, daß Sie ka Freud mit der Sache haben werden. Der alte Woisetschläger läßt sich an Abzug bestimmt nit gefallen. Das ist ein bekannter Prozeßhansl und bisher hat er noch an jeden Prozeß gewonnen. Er hat nämlich an gefinkelten Advokaten, den Doktor Rosenberg ..."

74

Franzl's Einstellung, daß der sozial Schwächere stets recht habe, entsprach der Einstellung der damaligen Zeit und gilt übrigens auch heute noch, wo diese sozial Schwachen — organisiert — bereits eine Macht darstellen, der sich selbst ganze Regierungen oft beugen müssen. Doch ich war damals noch jung und von einem ebenso fanatischen wie stupiden Rechtsgefühl beseelt, daß ich Franzl's wohlgemeinte Warnung ganz einfach in den Wind schlug. Wir zogen also dem Woisetschläger zehn Prozent ab, und trotzdem die Differenz nur ein paar hundert Kronen ausmachte, klagte er uns, nachdem die Mahnung seines Rechtsanwaltes, die Differenz innerhalb von 8 Tagen in seiner Kanzlei zu erlegen, ignoriert worden war.

An die Gerichtsverhandlung in der Kreisstadt W. erinnere ich mich noch recht genau. Der Richter war ein junger Tscheche, der aus dem Landesinneren ins rein deutschsprachige Grenzgebiet versetzt worden war. Er sprach zwar recht gut deutsch, obwohl er öfter nach Ausdrücken suchen mußte, doch dem Böhmerwald-Dialekt war er nicht gewachsen. Deshalb wurden auch alle Beteiligten vom Gerichtsschreiber gebeten, ihre Aussagen — im eigenen Interesse — hochdeutsch zu machen, da der Herr Richter keinen Dialekt verstehe.

Den Verteidiger des Klägers, den Doktor Rosenberg, kannte ich par renommé, und wenn ich mir sein kluges Mephisto-Gesicht mit dem kleinen dunklen Schnurrbärtchen und dem zynisch schiefen Mund ansah und mit unserem Rechtsfreund, dem alten, soignierten Doktor Baumgartner verglich, hatte ich kein gutes Gefühl in der Magengegend. Als ich an die Reihe kam, bekam ich auch sofort die Taktik und Angriffsfreude des gegnerischen Anwaltes zu spüren:

„Sie haben also, Herr Zeuge, am 5. Mai dieses Jahres beobachtet, wie mein Mandant seine Spreißeln in den Bach warf?"

„Jawohl."

„Aus welcher Entfernung sahen Sie es?"

„Aus etwa 50 Metern. Es können auch 70 gewesen sein."

„Ein Zeuge gibt aber an, es wären mindestens 150 Meter gewesen."

„Ausgeschlossen! Der Bach fließt dort unter der Straße durch, wo wir Halt gemacht hatten . . ."

„Sind Sie Brillenträger?"

„Nein, ich sehe gut."

„Schön, aber dazwischen stand ein Bretterstoß . . ."

„Richtig! Und hinter dem Bretterstoß kam stets der junge Woisetschläger mit einem Arm voll Spreißeln hervor. Der lange Kerl mit dem Schnauzbart ist kaum zu verkennen . . ."

„Und Sie sehen so gut, daß Sie auch erkennen konnten, daß es die der Papierfabrik verkauften Spreißel waren, die da angeblich in den Bach geworfen wurden?"

„Nein. Aber auf diese Frage habe ich gewartet."

„Tatsächlich?" er zog die Augenbrauen in gut gespielter Überraschung in die Höhe und schmunzelte mich mit schiefem Mund an. „Wieso denn?"

„Weil es die einzige Chance der Verteidigung ist, sich aus der Sache herauszudrehen", sagte ich voller Überzeugung.

Da mischte sich der Richter ein, der schon lange auf eine Gelegenheit gewartet hatte, sich auch zur Geltung zu bringen. „Herrr Zeuge wird gebeten, zu antworten nur auf Fragen und eigene Weisheiten bitte unterzulassen. Gericht is' selber geschait genug, sich zu bilden aigene Mainung."

„Haben Sie's gehört, Herr Zeuge?" fragte Doktor Rosenberg mit triumphierendem Grinsen: „Sie sollen nur mit ‚ja' oder ‚nein' antworten."

„Das hat der Richter zwar nicht gesagt, aber Ihnen würde das so passen", sagte ich. Und da ich den Richter nicht gegen mich einnehmen wollte, fuhr ich fort: „Da wir aber in einem demokratischen Staat leben, wo jeder seine Meinung sagen kann . . ."

Der Richter biß prompt an: „Hat Herrr Zeuge recht. Tschechoslowakei ist eine durch und durch demokratische Republika."

„Haben Sie's gehört?" grinste ich nun meinerseits den gegnerischen Anwalt an. „Und deswegen, Herr Doktor Rosenberg, möchte ich Sie bitten, den Kläger zu fragen, zu welchem Zweck er die Spreißeln — ganz gleichgültig, ob es seine oder unsere Spreißeln waren — in den Bach geworfen hat?"

„Schauen Sie, Herr Zeuge", begann Doktor Rosenberg salbungsvoll, „Euere Spreißeln waren es auf keinen Fall, denn so lange sie nicht geliefert, fakturiert und bezahlt sind, gehören sie dem Sägewerk. Zweitens muß er die Frage gar nicht beantworten, denn jeder kann mit seinem Eigentum machen, was er will und drittens..."

„Schon, Herr Kollege", mischte sich unser Anwalt ein. „Wer aber mit seinem Eigentum regelwidrig umgeht, darf sich nicht wundern, die Aufmerksamkeit seiner Mitmenschen zu erregen."

„Schauen Sie, Herr Doktor Baumgartner, wenn ich mich hier auf den Stadtplatz hinstelle und Geld unter die Leute werfe, so mag das auch regelwidrig sein, aber es geht trotzdem niemanden was an, wenn es sich um mein versteuertes Geld handelt. Hab ich nicht recht?"

„Sie werden's aber nicht tun, Herr Doktor", warf ich ein.

„Natürlich werd' ich's nicht tun. Ich bin ja nicht meschugge. Ich red' ja nur rein hypothetisch."

„Auch hypothetisch würden Sie's nicht tun", konterte ich, „weil solche Dinge nur in Heiligen-Legenden vorkommen, wo der Heilige auch das G'wand mit den Armen teilt ..."

„Und so ein Heiliger sind Sie auf keinen Fall, Herr Doktor Rosenberg", ergänzte Doktor Baumgartner mit amüsiertem Lächeln.

Da mischte sich wieder der Richter ein: „Wenn ich darf bitten die Herren Anwälte, nicht zu machen Polemik, weil haben wir noch andere Verhandlungen und keine Zeit ..."

„Dann soll der Kläger eben sagen, was er mit dem Einwässern der Spreißel bezweckt hat. Einverstanden, Herr Richter?" schlug unser Anwalt vor.

„Gut, bin ich einverstanden, damit geht Verhandlung weiter."

„Schön. Also reden's, Herr Woisetschläger", wandte sich sein Anwalt an den Kläger, der vortrat.

„Jo mei", sagte dieser, ein kleiner, rundlicher Mann mit rotem Gesicht, der sich mit dem Taschentuch über Stirn und Nacken fuhr, denn es war reichlich warm im Gerichtssaal: „Alsdann, erschtens han i gor koane Speißeln in'n Bach einig'worfen . . ."

„Sollen Sie nicht reden in Dialekt!" fuhr ihn der Richter an, entweder in tschechische Staatssprache oder in hochdaitsche Amtssprache, wie is' zulässig für daitsche Minderhait."

„Leck mi' am . . ." entfuhr es dem Sägewerker, doch er hielt erschrocken inne und begann den vorigen Satz in pronociertem Hochdeutsch: „Alsdann, habe ich gesagt, daß ich keine Spreißeln nicht in den Bach geworfen habe."

„Sie nicht, aber Ihr Sohn!" warf ich ein.

„Aa mei' Sohn nit", antwortete er mir.

„. . . sondern der heilige Geist?" fragte ich, um ihn zu provozieren.

„Der aa nit. Aber 's könnt' 'lei sein, daß aner von meine Leut', der si' a Beihüttn machen wollt' . . ."

Der Richter rang verzweifelt die Hände: „Hab ich Ihnen gesagt, keine Dialekt!" rief er.

„Leck mi' . . ." entfuhr es dem Säger wieder.

„Was soll heißen ‚leckmi'?" fragte der Richter scharf. „Soll das sein Belaidigung von Gericht?"

„Keineswegs", schaltete sich Doktor Rosenberg ein. „Das ist hier und auch im Bayrischen drüben so eine Redensart. Sie dient entweder zur Beendigung eines Gespräches oder um demselben eine andere Wendung zu geben."

„Stimmen Sie zu diese Erklärung, Herr Doktor Baumgartner?"

„Vollinhaltlich, Herr Richter. Es ist niemals beleidigend oder wörtlich gemeint."

„Also gut. Fahren Sie fort, bittescheen."

„Sie haben also versichert, Herr Woisetschläger, daß weder Sie, nach Ihr Sohn Spreißeln in den Bach geworfen haben, so daß von einer ‚betrügerischen Absicht' — wie die Gegenseite behauptet — keine Rede sein kann. Ihrer Ansicht nach, besteht aber die Möglichkeit, daß einer Ihrer Arbeiter, der …"

„… der si' a Beihüttn — ach so!" fuhr er rasch hochdeutsch fort, „also der Simmerl wollte sich eine …" — stockt — „bittschön, wie hoaßt m'r a Beihüttn auf deutsch?"

„Bienenhütte", sprang Doktor Rosenberg ein und dem Richter rief er das tschechische Wort ‚úl' zu.

„Wozu braucht man für eine Bienenhütte gewässertes Holz?" fragte ich.

„Weil die Bei' — ich meine, die Bienen kein frischgesägtes Fichtenholz mögen."

„Da haben Sie jetzt die Erklärung. Zufrieden?" fragte Doktor Rosenberg.

„Nein", erwiderte ich, „denn ich möchte gerne wissen, warum Bienen kein frischgesägtes Fichtenholz mögen."

„Da müssen Sie schon die Bienen selbst fragen", warf Doktor Rosenberg ironisch ein.

„Die Bienen wissen aber nichts davon", beharrte ich.

„Haben Sie Ihnen das gesagt? In welcher Sprache bitte?" Doktor Rosenberg troff von Ironie.

„Falls Sie einen Experten hinzuziehen", replizierte

ich, „wird er Ihnen bestätigen, daß gerade das Gegenteil zutrifft."

„Schauen Sie, Herr Zeuge. Ich weiß zwar nicht, ob es einen gerichtlich beeideten Sachverständigen für Bienen gibt ..."

„Wie wär's mit einem Imker?" fuhr ich ihm in die Parade.

„... aber ich sehe, daß Sie die Verhandlung in die Länge ziehen wollen. Im übrigen ist das Gericht für die Zulassung von Experten zuständig. Herr Richter", wandte er sich an diesen, „sind Sie einverstanden, daß der Prozeß bis zur Ladung eines Experten für Bienen, den es — meines Wissens — gar nicht gibt, vertagt wird?"

„Bin ich nicht einverstanden, bittscheen."

„Schön, dann möchte ich jetzt den Zeugen Franz Neubauer aufrufen."

Franzl, unser Chauffeur, der draußen gewartet hatte, wurde hereingerufen, was mich mit einer gewissen Genugtuung erfüllte, hoffte ich doch, jetzt Schützenhilfe zu bekommen.

„Also Sie, Herr Neubauer", begann Doktor Rosenberg, „haben den hier anwesenden Zeugen", — er deutete auf mich — „am 5. Mai dieses Jahres gefahren?"

„Jawohl."

„Und Sie wollen auch gesehen haben, daß beim Sägewerk Woisetschläger Spreißeln in den Bach geworfen wurden?"

„Ich hab gar nix g'sehn", sagte Franzl überraschend.

Ich war so erstaunt über diese Antwort, daß mir der Mund offen blieb. Doch dann fuhr ich zornig auf: „Lügen's nicht, Franzl. Sie haben genau gesehen ..."

„Kaine Verbal-Injurien, bittä", unterbrach mich der Richter.

„Sie haben also nichts gesehen?" fragte Doktor Rosenberg.

„Ich hab nur an kurzen Blick hingetan. Als Chauffeur bin ich gewohnt, nach vorn, auf die Straße zu schaun."

„Verständlich", nickte der Anwalt. „Und was haben Sie da gesehen?"

„Einen Holzstoß und dahinter einen Mann."

„In welcher Entfernung war das?"

„Etwa 150 Meter."

Mir blieb vor lauter Erstaunen die Spucke weg.

„Herr Zeuge Neubauer, kennen Sie den Herrn Josef Woisetschläger junior, den Sohn des Sägebesitzers?"

„Nein."

Obwohl ich eine Rüge riskierte, konnte ich mich nicht enthalten, dazwischen zu rufen:

„Natürlich kennen Sie ihn, Franzl, den langen Lulatsch mit dem Schnauzbart!"

„Nein, ich kenn' ihn nicht", beharrte dieser.

„Und kennen Sie den alten Herrn Woisetschläger?" fuhr Doktor Rosenberg in seinem Verhör fort.

„Nein, den kenn' ich auch nicht."

„Franzl", fuhr ich hoch, „Sie kennen nicht den alten Herrn Woisetschläger, den kleinen Dicken mit dem roten Gesicht, bei dem wir so oft ..."

„Nein, ich kenn' ihn nicht."

„Dann dreh'n Sie sich gefälligst um. Er steht hinter ihnen!" rief ich anklagend.

Franzl drehte sich gehorsam um, musterte den Kläger von oben bis unten, dann wandte er seinen Kopf

wieder Doktor Rosenberg zu und sagte, ohne mich an-
zusehen:

„Nein, Herr Doktor", und nach kurzem Zögern, „da
kenn' ich eher noch den jungen Woisetschläger."

Alles lachte, bis auf mich und den Richter. Ich lachte
aus Wut nicht und der Richter hatte den — sicher un-
freiwilligen — Witz nicht verstanden.

Doktor Rosenberg stellte sich auf die Fußspitzen und
rief, zum letzten Schlag gegen mich ausholend:

„Und der junge Herr Woisetschläger hat am 5. Mai
seine Verlobung in Böhmisch Röhren mit Fräulein Anna
Pröll gefeiert und war den ganzen Tag im Sägewerk
überhaupt nicht anwesend. Bitte, Herr Richter!" Er
zückte eine Karte und ging damit zum Richtertisch,
dem er sie überreichte.

Der Richter studierte die Karte und lächelte hinter
vorgehaltener Hand. „Behmisch Rehren, das ist Ort-
schaft Ceské Trouby", sagte er.

„Darf ich die Karte auch sehen?" bat ich Doktor
Rosenberg.

„Bitte sehr", sagte der Anwalt und zog eine weitere
aus seiner Brusttasche, die er mir reichte.

‚Ihre Verlobung beehren sich anzuzeigen . . .' begann
der Text und ganz unten links: ‚Böhmisch Röhren, den
5. Mai 1933.'

Hatte mich schon Franzls Aussage entsprechend dis-
kreditiert, mit der Verlobungs-Anzeige setzte mich
Doktor Rosenberg endgültig Schachmatt. Doktor Baumgartner sah mich mit einem halb mitleidigen, halb ange-
widerten Blick an, als wäre ich eine Kreuzung zwischen
einem Dorftrottel und einem unterernährten Maikäfer.

„Herr Richter", ergriff Doktor Rosenberg das Wort

zum Schluß-Plädoyer, „ich fasse zusammen. Die Behauptung der beklagten Partei, der Kläger hätte in betrügerischer Absicht die verkauften Spreißeln in den Bach geworfen, kann in keinem Punkt als stichhaltig, geschweige denn als erwiesen angesehen werden. Es ist nicht erwiesen, daß die Herren Woisetschläger die Spreißeln in den Bach geworfen haben, ja es ist nicht einmal erwiesen, daß überhaupt welche in den Bach geworfen wurden. Die Entfernung, aus der der Zeuge den Vorgang beobachtet haben will, wird durch seinen eigenen Chauffeur in Zweifel gezogen. So gesehen, ist es überhaupt fraglich, ob der Zeuge etwas derartiges beobachtet hat. Und wenn er es gesehen haben sollte, wo er es gesehen hat. Es gibt im Böhmerwald viele Sägen, die an einem Bach liegen. Ich bitte daher das hohe Gericht", — diese Titulierung, gepaart mit einer leichten Verbeugung zum Richter hin, war ein feiner, psychologischer Schachzug des Gegenanwalts — „die Klage als berechtigt anzuerkennen und die Papierfabrik zur Zahlung ..."

„Schon gut, Herr Doktor Rosenberg", unterbrach ihn der Richter und wandte sich an unseren Rechtsanwalt, der verlegen an seinem Ohrläppchen herumzupfte: „Wollen Sie etwas vorbringen, Herr Doktor Baumgartner?"

Letzterer erhob sich steifbeinig, setzte seine Brille auf und sagte nach einigem Nachdenken:

„Unter den hier geschilderten und als wahr bezeugten Umständen — nichts. Allerdings möchte ich hinzufügen, daß mir der Sachverhalt von anderen, glaubwürdigen Menschen, die leider nicht dabei waren, anders geschildert wurde."

„Danke", sagte der Richter, erhob sich und setzte

seine schwarze Kappe auf: „Zu Ausführungen von klägerische Anwalt, Herr Doktor Rosenberg, welche logisch sprechen für sich, hat hiesiges Gericht hinzuzufiegen, daß ist in Schlußbrief von Papierfabrik keine — wie sagt man — Beschränkung von Hechstgewicht vorgesehen. Wenn also hätte Herr Woisetschleeger geworfen — ich sage bittescheen hätte — in Bach, damit sie haben mehr Gewicht. Warum nicht? Gericht kann darin kaine betriegerische Handlung sehen. Jeder verkauft saine Ware so teier wie er kann. Papierfabrik kann also nicht machen Abzug fier etwas, was sie hat vergessen zu limitieren. Hiesiges Gericht verurteilt also im Namen von tschechoslowakische Republik, Papierfabrik, zu zahlen volle Fakturenwert und alle angefallene Gerichtskosten."

Sprach's, nahm sein Kappel ab und enteilte mit langen Schritten aus dem Gerichtssaal.

*

Ich hatte eine Stinkwut im Bauch. Allerdings hatte ich auch Hunger, denn die Verhandlung hatte bis gegen Mittag gedauert. Den drei Schritte hinter mir gehenden Chauffeur Franzl ignorierte ich völlig und eilte dem Gasthaus „Zur Post" entgegen. Da ertönte Franzls Stimme hinter mir:

„Beim Hirschenwirt ißt man viel besser."

Trotz aller Wut, mußte man dem Franzl eines lassen, er wußte stets genau, wo's das beste Essen, den besten Wein und die nettesten Mädchen gab. Selbst in den rein tschechischen Gebieten fand er das rasch heraus, obwohl er kein Wort Tschechisch konnte. Ich änderte daher meine Richtung und steuerte auf den Hirschenwirt zu. Und dort wartete meiner eine weitere Überraschung. Am Honoratioren-Tisch in der Ofenecke saßen die beiden Woisetschläger und begrüßten uns mit lautem Hallo.

„Servus, Franzl und grüß Gott, Herr Hubsi", klang es uns entgegen. „Und nix für ungut ... Und weil wir halt den Prozeß gewonnen haben, so laden wir euch zu einem Umtrunk ein."

Auch das noch! Aber ich machte gute Miene zum bösen Spiel, schüttelte die dargereichten Pfoten, und zum Franzl sagte ich:

„Ich hab gemeint, Sie kennen die beiden nicht?"

„Haben's denn nicht gewußt", erwiderte er, „daß der Pepi Woisetschläger mein Schwager ist?"

„Ach so!" dehnte ich. „Woher hätt' ich das wissen sollen?"

„Oder glauben's, ich hätt' für an Fremden so ausgesagt? Aber der Pepi zahlt mir heut a prima Mittagessen und a paar Glasln Pilsner, gelt, Pepi?"

„Ihr seid heut beide unsere Gäste", sagte der Senior würdevoll. „Sie soll'n nit denken, Herr Hubsi, daß es mir auf die paar hundert Kronen bei den Spreißeln ankimmt. Aber es dreht sich um die Ehre, verstehn's? Was täten die Leut' sagen, wenn ich den Prozeß verspielt hätt'? So a Gauner, tät's g'heißen, wirft die Spreißeln in Bach und betrügt die Papierfabrik."

„Aber Sie haben's doch in'n Bach geworfen", sagte ich. „Ich hab's ja selbst gesehen!"

„Natürlich han ich's in'n Bach geworfen und ich bin aa nicht der einzige, der das so macht. Aber sagen darf man das nit laut. Das werden's doch einsehen?"

„Hm", machte ich zweifelnd.

„Schaun's, Herr Hubsi", fuhr er eifrig fort. „Ein jeder im Ort hier weiß, daß der Herr Pfarrer mit seiner Köchin schlafen tut. Aber sagen tut's kein Mensch, weil ... also das schickt sich eben nit. Und genau so ist das mit die Spreißeln. Ein jeder weiß es, aber man redt nit drüber."

„Na schön", sagte ich und spülte einen saftigen Happen mit einem Schluck Bier hinunter. „Aber jetzt erklären's mir eines, Herr Woisetschläger. Wie war das mit der Verlobung?"

„Mit welcher Verlobung?"

„Von ihrem Sohn Pepi am 5. Mai dieses Jahres. Hat er schon geheiratet?"

„I bin do' nit teppert!" lachte der Junior. „Ich werd'

mir's doch wegen einer nit mit alle Madeln verderben."

„So streng sind hier die Bräuche?" fragte ich.

„Am Land schon", meinte er. „Schaun's ein Madl, wenn's heiratet, gewinnt an Wert und wird als junge Frau erst richtig interessant. Aber ein verheirateter Mann is' nur mehr a Hund mit an Maulkorb."

„So?" lachte ich. „Aber ich will wissen, wie das mit der Anzeige war, die der Doktor Rosenberg dem Richter gezeigt und die mir das Genick gebrochen hat."

„Ach so!" krächzte der Senior. „Ja mei', das is' halt so a kloaner Trick vom Rosenberg. Von der Anzeige hat er zehn Stück beim Steiner drucken lassen ..."

„und der Pepi war natürlich am fünften Mai im Werk und war derjenige, der die Spreißeln in'n Bach geworfen hat?"

„Kann schon sein", nickte der Senior und fügte erklärend hinzu. „Wissen's, der Rosenberg is' nit billig, aber wenn er sagt: den Prozeß gewinnst, Woisetschläger, dann gewinnt er ihn aa."

„Einmal", erzählte der Junior, „hat er sogar an ganzen Kalender neu drucken lassen, damit er nachweisen konnt', daß an einem Vollmondtag Neumond war und der Hauptzeuge den Beklagten unmöglich auf dreißig Schritt hat identifizieren können. Und den Prozeß hat er damals auch gewonnen.

„Na ja, dann wundert's mich nicht, daß ich den heutigen verloren hab'", sagte ich resigniert.

„Ich hab Ihnen's ja prophezeit", fiel Franzl ein. „Warum warn's so teppert und haben es auf eine Klage ankommen lassen?"

„Sehr richtig", dozierte der Senior. „A jede Klage is' wie ein Krieg; man kann ihn gewinnen, man kann ihn aber auch verlieren. Wären's zu mir gekommen, Herr Hubsi, hätten wir uns ausg'redt. I bin nit a so ... Aber wo's um die Ehre geht, also da kenn' i nix. Alsdann prost und nix für ungut!"

EXPERTISEN

In den Alpenländern erzählt man sich folgende An-
ekdote: Ein kleiner Bauernbub, der sich im Fragealter
befindet, geht mit seinem Vater über Land.

„Du, Vota", fragt der kleine Bub. „Warum blitzt es
denn?"

„Weil a Wetter am Himmel steht", belehrt ihn der
Alte.

„Naa ... i moan', wieso entsteht der Blitz?"

„Dös kann i d'r net genau sagen, Bua, aber s'hat was
mit der Elektrizität zu tun."

„Und was is' Elektrizität?" will der Bub wissen.

„Also dös kann i d'r aa net genau sagen. Aber da im
Telegrafendraht is' aa die Elektrizität drin. Hörst es,
wie sie summt, die Elektrizität?"

„Schon ... schon ... aber i moan'", beginnt der Bub,
besinnt sich dann aber und sagt: „Naa ... nix."

Da sagt der Alte tadelnd: „Frag' nur, Bua, frag' nur!
Sonst lernst ja nix."

So ähnlich wie dieser kleine Bauernbub kam ich mir
vor, als ich, gelegentlich meiner Lehr- und Wanderjahre,
bei der großen I. Gerstner AG. in Prag eintrat, denn ich
befand mich plötzlich unter lauter Wirtschafts-Wunder-
Menschen, die keinen ruhigen Schritt taten, sondern in
einem Tempo hasteten, als hätten sie eben eine sub-
kutane Paprika-Injektion bekommen. Der Prokurist,
zum Beispiel, dem ich zugeteilt war, behauptete von

sich, daß er nur ratenweise das Klo frequentieren könne, weil eine längere Abwesenheit von seinem Schreibtisch als drei Minuten katastrophale Folgen für die Firma haben könnte. Schon der Aufstieg der Firma war imposant und erinnerte an den Werdegang amerikanischer Multi-Millionäre, die bekanntlich alle als Zeitungsjungen begonnen haben. Auch hier erinnerten sich ältere Angestellte noch an den Firmen-Gründer, den alten Herrn Isidor Gerstner, wie er noch in Neutitschein, woher er stammte, um die Jahrhundertwende herum mit einem Handwagerl von Haus zu Haus zog und Altpapier und Hadern gesammelt habe. Es wurde eine Menge rührseliger Geschichten und Anekdoten von dem alten Herrn Isidor erzählt, wobei stets eine Art Wettstreit ausbrach, wer ihn in seinen armen Jahren am besten gekannt habe. Den Vogel schoß aber meist der alte Buchhalter Schlesinger ab, der erklärte, ihn schon gekannt zu haben, wie er nebbich noch nicht einmal Gerstner geheißen habe. Und mit gerührter und etwas neidvoller Stimme erzählte er von dessen eisernem Fleiß und seiner chinesischen Genügsamkeit, die es ihm ermöglicht hatten, seine vier Söhne studieren zu lassen. Und diese Investition hatte sich reichlich gelohnt, denn von den vier Söhnen war einer gescheiter und tüchtiger als der andere, und der Jüngste, in der Statur an Napoleon gemahnend, hatte es sogar bis zum Konsul gebracht! Im Volksmund hieß er „der Konsul von Melonien", weil sich niemand den Namen der kleinen, mittelamerikanischen Republik merken konnte, die er als Konsul vertrat. Einstmals — so erzählt die Fama — kam eine olivbraune, junge Dame zu ihm und überschüttete ihn mit einem temperamentvollen, spanischen Sermon, von dem der Herr Konsul zwar kein Wort verstand, doch — gescheit wie er war — kapierte er sofort die internationale Geste des ‚pagare‘, so daß die Sache zur Zufriedenheit der jungen Dame geregelt werden konnte.

In diese amerikanische Betriebsamkeit voller genialer Wirtschafts-Kapitäne, denen es gelingen sollte, durch Bestechung eines Ministers den ganzen Holzmarkt der Tschechoslowakei unter ihre Kontrolle zu bekommen, war ich also hineingeraten. (Im übrigen wurde die Sache mit dem Minister folgendermaßen kolportiert: Der Herr Konsul, der die Sache gemanaged hatte, sagte abschließend und in jener gewinnenden Offenheit, die großen Männern eigen ist: „Sie bekommen also Hunderttausend, Herr Minister, und Sie können versichert sein, daß kein Mensch etwas davon erfahren wird." Worauf der Minister ebenso charmant replizierte: „Ich werd' Ihnen was sagen, Herr Konsul. Geben Sie mir hundertfünfzig und erzählen Sie's wem Sie wollen.")

Ich hatte mich also dieser hektischen Atmosphäre anzupassen, und bald hüpfte ich gleichfalls wie ein Känguruh zwischen Schreibtisch, Schreibmaschine und Aktenschrank hin und her und markierte amerikanische Betriebsamkeit. Nur mit einem direkten Vorgesetzen, dem Herrn Prokuristen Frydetzky, der aus der Eisenbranche stammte und — wie bereits eingangs erwähnt — seine Verdauung arg vernachlässigen mußte, konnte ich mich nicht recht befreunden. Herr Frydetzky, der im Profil aussah wie der Pharao Ramses III., jedoch in rostigem rötlich-blond, besaß einige Eigenschaften, die mir arg wider den Strich gingen. Galt es routinemäßige Kleinarbeit zu erledigen, setzte er sich großartig in Positur und begann, mit der Konzentration eines buddhistischen Priesters, der Gebetmühlen in Gang zu setzen hat, langatmige Briefe in schlechtem Deutsch zu diktieren. Tauchten aber kompliziertere Probleme auf, dann lächelte er ein mildes Pharaonen-Lächeln und sagte:

„Lesen Sie sich den Brief durch und sagen Sie mir, wie Sie ihn beantworten möchten."

Überwältigt von so viel Leutseligkeit, schlug ich irgendeine Lösung vor, worauf stets die gleiche stereotype Antwort erfolgte:

„Schön. Aber wenn Sie die Sache so erledigen, besteht die Gefahr, daß . . ."

Gut. Ich machte also einen anderen Vorschlag.

„In diesem Fall, mein junger Freund, besteht die Gefahr, daß . . ." erwiderte er mit erhobenem Zeigefinger. Kurzum, man war gezwungen, die Sache nach eigenem Gutdünken zu erledigen. Ging sie gut aus, sagte der Pharao triumphierend:

„No, hab' ich Ihnen nicht gleich gesagt?"

Ging die Sache aber schlecht aus, zischte er mit düster umwölkter Stirne: „Ich hab' Ihnen doch gleich gesagt . . .!!!" Der Unterschied lag lediglich in der Betonung, im Effekt allerdings darin, daß aller Lorbeer auf seiner Pharaonen-Stirn in üppigen Kränzen glänzte, während die Mißerfolge an mir Idioten haften blieben, der — wie der eingangs erwähnte Bauernbub — zu wenig fragte und daher auch nichts dazulernen konnte.

Doch meine eigentliche Geschichte beginnt erst jetzt.

Eines schönen Tages landete auf dem Schreibtisch des großmächtigen Herrn Prokuristen ein Brief des „DEUTSCHEN HOLZMARKT", dem ein kleines Holzmuster beilag. Der Brief des bekannten Fachblattes hatte folgenden Inhalt: Eine Berliner Firma hat bei einer ande-

94

ren Firma nordische Fichte gekauft. Geliefert wurde Holz, laut beiliegendem Muster, von dem die Käufer-Firma behauptet, es sei keine nordische Fichte, sondern jugoslawische Tanne. Da der „HOLZMARKT", dem die Sache zur Beurteilung vorgelegt wurde, diese Frage nicht entscheiden könne, wende sie sich an die große Prager Holzfirma I. Gerstner AG. mit der Bitte um fachmännische Beurteilung.

Herr Frydetzky las den Brief aufmerksam durch, nahm das kleine Stückchen Holz, auf dem ein verwischter Stempelaufdruck zu sehen war, in die Hand, zog aus der Schreibtischlade eine Lupe hervor und begann es sorgfältig zu untersuchen. Dann sagte er zu seinem Kollegen Gans, der ihm gegenüber saß, im Brustton der Überzeugung:

„Das ist keine jugoslawische Tanne."

„Woher wissen Sie das?" fragte Herr Gans, der aus der Schnittwaren-Branche stammte.

„Das werd' ich Ihnen genau sagen", erklärte Herr Frydetzky. „Weil dieser Stempel hier — ich kann ihn zwar nicht lesen, denn er ist verwischt — aber so viel kann ich sehen, daß es keine kyrillischen Buchstaben sind. Ergo kann es keine jugoslawische Tanne sein."

Herr Gans schien zwar nicht restlos überzeugt, aber er schwieg.

Dann begann Herr Frydetzky im großen „Hufnagel" (Fachbuch) zu blättern, machte sich einige Notizen und fing anschließend an, einen langen Brief, mit vielen Fachausdrücken, zu diktieren, in dem er klipp und klar darlegte, daß das kleine Holzmuster keine jugoslawische Tanne sein könne. Die Frage, was es wirklich war, ließ er vorsichtshalber offen.

Ich machte mich also an die Arbeit und begann den langen Schmus abzutippen. Als ich beim dritten Blatt angelangt war, kam Herr Gans herein. Er grinste über's ganze Gesicht und fragte mich:

„Sind Sie schon fertig?"

„Noch nicht. Aber bald", sagte ich und wischte mir den Schweiß aus der Stirne.

„Dann hören Sie auf und schreiben Sie die Sache anders."

An derlei Dinge gewöhnt, schaute ich nur höflich fragend auf.

„Vorhin war nämlich ein Tischler in unserem Zimmer, der die Fenster repariert hat", fuhr er erklärend fort, „und dem hab ich das Stückl Holz in die Hand gedrückt. Wissen Sie, was der gesagt hat?"

„Daß es doch eine Tanne ist", tippte ich.

„Sehr richtig!" lachte Herr Gans schadenfroh. „Und wie ihn der Frydetzky bös angefunkelt und gefragt hat, wieso er solchen Unsinn behaupten könne, erwiderte der biedere Handwerker: ‚Aber greif ich's, bittscheen. Ist gute, feinjährige Tanne.'"

Das ganze Zimmer lachte. Doch Herr Gans hob warnend den Finger an die Lippen, denn Wunderwirtschafts-Männer lieben keine Kritik ihrer Untergebenen und fuhr sachlich fort: „Also in diesem Sinn sollen Sie die Sache beantworten." Dann stürmte er hinaus, denn auch er mußte amerikanisches Tempo demonstrieren.

Nachdem ich ohne amerikanische Hast eine Zigarette geraucht und mir die Antwort zurechtgelegt hatte, schrieb ich einen ganz kurzen Brief: Das eingesandte Holzmuster stammt von einer Tanne, schrieb ich. Die Provenienz läßt sich nicht mit Sicherheit feststellen. Da es sich aber um feinjähriges Holz handelt, kann angenommen werden, daß es aus dem Hochgebirge, vermutlich aus Österreich, stammt. Und dann fügte ich noch ein PS an: Können Sie uns freundlicherweise mitteilen, was der auf dem Holzmuster aufgedruckte Stempel bedeutet?

Der „DEUTSCHE HOLZMARKT" bedankte sich begeistert für die „großartige Expertise", denn inzwischen habe die Lieferfirma auf Grund derselben zugegeben, daß es sich irrtümlicherweise tatsächlich um österreichische Tanne handle. PS. Auf dem Holzmuster war unsere Stampiglie — Deutscher Holzmarkt — aufgedruckt, um Verwechslungen zu vermeiden. Mit vorzüglicher Hochachtung.

Und Herr Frydetzky sagte mit triumphierendem Pharaonen-Lächeln: „No, hab' ich Ihnen nicht gleich gesagt?"

DIE KLUGEN AMEISEN

Als Schulbuben waren wir in den Sommerferien öfter bei einem Onkel zu Besuch, der Förster war und in einem richtigen Forsthaus, mit einem Hirschgeweih über der Eingangstüre, wohnte. Das Forsthaus stand zwar nicht mitten im Wald, doch es stand am Waldesrand und gleich hinter dem Haus zog sich ein duftender Fichtenwald bergwärts. Ein reines Eldorado für uns Kinder, das nur durch die Tante ein wenig getrübt wurde, denn diese Tante war ausgesprochen sparsam und sah es nicht gerne, wenn wir einen gesunden Appetit an den Tag legten und außertourlich um ein Butterbrot kamen. Doch als ich diesmal mit meiner Mutter dort ankam — wir wollten eine Woche bleiben — empfing uns die Tante mit strahlender Miene, trotzdem wir nicht die einzigen Gäste waren. Der Onkel hatte nämlich Tags zuvor einen Rehbock erlegt und so ein Rehbock hat allerhand Fleisch an sich.

Wir bekamen also am ersten Tag ‚Reh-Junges' (was mit Jugend nichts zu tun hat, denn der Rehbock — man soll zwar Toten nichts Schlechtes nachsagen — aber der Rehbock muß schon zu Lebzeiten ein zähes, altes Luder gewesen sein!) Am zweiten Tag gab's Rehbraten, am dritten Reh-Gulasch, am vierten Reh-Ragout und am fünften stieg mir bereits das Blut zu Kopf, wenn ich das Reh nur hörte. Das war bestimmt undankbar, aber meiner Mutter ging's ebenso und sie hatte sich eine große

Schachtel Speise-Soda in der Apotheke besorgt, denn am fünften und letzten Tag unseres Aufenthaltes sollte es Reh-Pastete geben ... Nun, diese Reh-Pastete wurde schon am Abend vorher zubereitet, auf ein Servierbrett getan und auf den Steinboden in die Speis gelegt, weil es dort am kühlsten war.

„Wenn nur nicht wieder die Ameisen hineinkommen", meinte die Tante besorgt, „denn auf Reh-Pastete sind sie wie wild."

„Weiß der Teufel, wo die verdammten Ameisen herkommen", warf mein Onkel ein. „Ich hab die Speis gründlich untersucht und keine einzige schadhafte Stelle gefunden."

„Meint ihr nicht, daß es das Beste wäre, eine Glasglocke über die Pastete zu stülpen?" schlug irgendwer vor.

„Sicher wär's das Beste", erwiderte die Tante, „aber eine Glasglocke kostet Geld."

Dagegen war nun nichts zu sagen. Doch dann kam dem Onkel eine gute Idee: „Wißt ihr, was wir machen?" fragte er, „wir legen einfach einen Leimring um die Pastete."

Dieser Vorschlag wurde denn auch gleich ausgeführt. Auf weißes Packpapier wurde ein entsprechend großer Leimring gestrichen und die Pastete in die Mitte des Ringes gelegt.

„So, jetzt sollen sie nur kommen!" meinte der Onkel triumphierend und trug die Pastete selbst in die Speis hinaus.

Da ich abends den Großteil meiner Reh-Ragout-Portion dem Jagdhund Rigo, der unter dem Tisch lag, zugesteckt hatte, erwachte ich in der Nacht mit einem nagenden Hungergefühl. Kurz entschlossen stand ich auf und schlich den Gang entlang zur Speistüre, stieg drin auf einen Schemel, der dort stand und holte mir ein Glas Kirschenkompott von der obersten Stellage. Mit dem geöffneten Glas setzte ich mich auf den Schemel und begann mit den Fingern und mit Genuß, eine Kirsche nach der anderen aus dem Glas zu fischen. Für die Kerne hatte ich ein Stück Papier gefunden, denn die hätten mich verraten können. Ich hatte nicht umsonst Karl May gelesen.

Während ich also da saß — das erste Dämmerlicht erhellte bereits den Raum — fiel mein Blick auf die Reh-Pastete am Boden. Und da sah ich sie anmarschieren: eine ganze, lange Kolonne brauner Ameisen, die irgendwo aus dem Dunkel herangekrochen kamen. Es waren nicht die kleinen Gartenameisen, sondern richtige Waldameisen und die vorderen, mit den größeren Zangen mußten die Soldaten sein. Plötzlich aber kam der ganze Zug ins Stocken, denn die Vorderste war auf den Leimring gestoßen, der mit den Fühlern vorsichtig abgetastet wurde. Auch ein paar andere untersuchten den Leimring. Dann steckten sie die Köpfe zusammen, und nach einem aufgeregten Hin- und Hergekrabbel teilte sich der Zug und kroch vorsichtig rechts und links den Leimring entlang. Als sie am anderen Ende zusammentrafen, gab's wieder eine kurze Beratung mit aufgeregtem Hin und Her und dann machte das Ganze kehrt und marschierte in die Dunkelheit zurück. Nur ein paar Nachzügler blieben noch da.

Ich dachte schon, die Ameisen hätten aufgegeben und wollte ihnen helfen. Doch da kamen einzelne wieder zurück und jede schleppte ein winziges Stückchen Mörtel. Manchmal waren's zwei, die einen größeren Brokken bewegten. Und just dort, wo die Nachzügler standen und der Leimring am engsten war, begannen sie mit ihrem Brückenbau. Ein Bröserl nach dem anderen wurde herangeschleppt und der schmale Steg über die Leimring-Enge wuchs von Minute zu Minute. Ich sah fasziniert zu und hätte am liebsten Beifall geklatscht, als die Brücke fertig war und die Ameisen sich gierig wie Heuschrecken auf die Reh-Pastete stürzten. Ich habe sie ihnen von Herzen gegönnt ...

Als wir zum Wochenende zur Abreise rüsteten, sagte die Tante, träumerisch auf den Hof hinausblickend:

„Morgen werd' ich ein paar Hühner schlachten. Die zwei grauen haben gerade das richtige Alter für Backhendeln und auch die Gurken im Garten gehen schon für Gurkensalat."

Da wurde meine sonst so sanfte Mutter boshaft und sagte, mit gut gespieltem Entzücken:

„Was? Zwei Hühner sind auch noch da? Och, da bleiben wir noch über'n Sonntag, gelt, Hubsi?"

Das erschrockene Gesicht der Tante hätten Sie sehen sollen!

EINE ORIENT-SCHWALBE,
DIE NOCH KEINEN SOMMER MACHTE

Im Jahre 1947 war der Schnittholz-Export in Österreich noch nicht angelaufen. Der begann erst zögernd über die Kompensations-Geschäfte, die sich zu einer Wissenschaft entwickelten und denen später viele nachweinten.

Ich war daher recht erstaunt, als uns im Herbst 47 ein in Wien lebender Ägypter besuchte, der fließend deutsch sprach und Schnittholz zum Direktexport nach Syrien suchte. Den syrischen Interessenten hätte er auch gleich mitgebracht, doch dieser habe — aus irgendwelchen Gründen — kein Visum für Österreich bekommen, sitze aber wartend an der italienischen Grenze bei Tarvis, und falls wir auf einen Lastwagen eine kleine Kostprobe — etwa einen halben Kubikmeter — aufladen und dem Interessenten dort zeigen könnten ... unser Werk liege schließlich nur 17 Kilometer von der italienischen Grenze ...

„Gern", sagte ich, denn es lockte mich nach Italien, und sei es auch nur Tarvis — denn wir besaßen wieder kein Visum für Italien — zumal es sich herumgesprochen hatte, daß es drüben schon wieder Dinge geben sollte, von denen wir ausgehungerten Kriegsverlierer nur träumen konnten. Bei einer solchen Gelegenheit aber würden die italienischen Zöllner ein Auge zudrücken und uns auch ohne Visum ins Grenzgasthaus hinüberlassen. Wir fuhren also los und nahmen auch einen befreundeten Villacher Holzhändler mit, der italienisch sprach und allenfalls als Dolmetsch gebraucht werden konnte.

Ich möchte hier einflechten, daß ich kurz vorher in einer Zeitung den Aufsatz eines deutschen Diplomaten gelesen, der den Großteil seines Lebens im Orient verbracht hatte. Und in diesem Aufsatz hieß es wörtlich: „Wer den Orient und die Seele des Orientalen richtig kennenlernen will, muß Karl May gelesen haben." Ob diese Behauptung zutrifft oder heute noch zutrifft, weiß ich nicht. Ich weiß aber, daß ich in meiner Jugend Karl May-Bücher mit leidenschaftlichem Eifer verschlungen habe, und dort kommen sowohl die Ägypter als auch die Syrer schlecht weg. Vielleicht bin ich deswegen gegen Ägypter und Syrer voreingenommen, denn ich habe auch später, als man Tausende von Kubikmetern mit diesen Staaten hätte abschließen können, die Geschäftsverbindung mit ihnen, ja mit den ganzen klein-asiatischen Staaten gemieden und mich an die richtigen Karl-May-Araber gehalten und bin dabei nicht schlecht gefahren.

Doch ich schweife ab. Die beiderseitigen Zöllner hatten — wie vorausgesehen — Verständnis für unsere geschäftlichen Ambitionen, und während wir bei unserem Lkw warteten, der im Niemandsland zwischen den beiden Zollhäusern stand, stöberte der Ägypter seinen syrischen Partner in einem der Grenz-Gasthöfe auf und wir begannen ihm die Bretter vorzuführen. Zum Verlieben sah der Syrer nicht gerade aus. Ja, ich muß gestehen, daß ich selten einem so häßlichen Kerl begegnet bin. Solche Fratzen sieht man höchstens, in Stein gehauen, an Kirchen-Portalen, wo die mittelalterlichen

Künstler den abzuschreckenden Gläubigen die Bewohner des Fegefeuers vor Augen führen wollten. Und der zwei Tage alte, grau melierte Stoppelbart machte ihn keineswegs schöner. Seine rot unterlaufenen Basedow-Augen sahen apathisch und desinteressiert unserem Chauffeur zu, der die besonders schönen Bretter ins rechte Licht rückte, sie auch auf die Kante stellte, damit er die Feinjährigkeit des Holzes, welche von den Italienern so sehr geschätzt wird, sehen konnte. Der Ägypter redete gestenreich auf ihn ein und auch die Zöllner, von denen uns einige umstanden, animierten den Syrer durch anerkennendes Kopfnicken und leises Beifalls-Gemurmel.

Der Syrer hatte inzwischen seine Zigarette aufgeraucht, spuckte den Stummel auf den Boden, wo er ihn sorgfältig austrat, sagte ein paar arabische Worte und ging ganz einfach in seinen Gasthof zurück. Wir hatten zwar seine arabische Bemerkung nicht verstanden, hatten aber den Eindruck, daß ihn die Besichtigung nicht befriedigt hatte. Aber vielleicht — dachte ich — muß sich ein orientalischer Käufer so benehmen und darf Interesse erst dann zeigen, wenn er den Preis entsprechend gedrückt hatte. Mir fiel dabei der alte Witz vom Mantel ein, für den der Verkäufer 12 Gulden verlangt hatte und der Interessent blitzschnell überlegt: „12 hat er gesagt, 10 hat er gemeint, 8 will er haben, 6 ist er wert, 4 möcht ich geben, zwei werd' ich bieten!"

Im Gasthaus bekamen wir eine wunderbare Jause, bestehend aus Salami, Mortadella, Gorgonzola-Käse, Makrelen in Öl, kleinen, eingelegten Zwiebeln und scharfen Pepperoni, dazu einen ausgezeichneten Chianti, der die Stimmung bald wesentlich hob.

„Also, was will er eigentlich?" fragte ich den Ägypter, genußvoll kauend.

„Er will wissen, ob Sie tausend Meter liefern können."

„Natürlich können wir das", sagte ich.

„In welcher Zeit?"

„In drei Monaten."

Längere Debatte zwischen Ägypter und Syrer, wobei der Ägypter das Scheusal wiederholt abküßte, die Linke aufs Herz legte und ekstatisch mit den Augen rollte. Schließlich wendete er sich wieder mir zu.

„Das ist ihm zu lang", sagte er. „Er braucht die Lieferung in längstens zwei Monaten, weil irgendeine Naturkatastrophe — ich glaube ein Erdbeben — eine rasche Lieferung erfordert."

„Schön", erwiderte ich, „wenn wir die Ausfuhrbewilligung für die ganze Menge bekommen und wenn die Specifikation höchstens zehn Prozent Spaltware vorsieht ..."

„In dem Punkt kann ich Sie beruhigen."

„Schön. Und was weiter?"

„Er will den Preis CIF Beirut wissen."

„Kann ich erst morgen sagen, wenn ich Fracht und Versicherung erfahren habe. Zahlt er mit Akkreditiv?"

Wieder längere Debatte zwischen den beiden. Resultat:

„Für 75 Prozent würde er ein Akkreditiv erstellen."

„Kommt nicht in Frage."

Neuerliche Debatte auf arabisch. „Wenn der Preis es erlaubt, würde er ein 100prozentiges Akkreditiv erstellen. Aber den Preis muß er heute noch wissen. In einer Viertelstunde holt ihn ein Taxi ab und bringt ihn nach

Triest, wo er wegen dieser Partie gleichfalls verhandelt."

„Jetzt ist es 17 Uhr 45", sagte ich. „Wo soll ich in einer Viertelstunde die nötigen Daten herbekommen?"

„Wenn ich nach Triest telefoniere ... ich kenne dort einen Spediteur ..."

„Wozu die unorientalische Hast?" fragte ich. „Rufen Sie uns morgen um — sagen wir — 11 Uhr an und Sie erfahren den Preis und ob die Lieferung in zwei Monaten möglich ist."

„Dann hat er aber vielleicht schon mit dem Triester abgeschlossen?"

„Ohne zu wissen, ob wir nicht billiger gewesen wären? Wissen Sie übrigens, daß die Triester Exporteure ihr Holz aus Österreich beziehen? Wir können uns also immer noch via Triest einschalten."

Wiederum längere arabische Debatte, die dadurch beendet wurde, daß sich der Triester Taxler meldete und die beiden aufbrachen.

„Ich fahre mit und rufe morgen an", sagte der Ägypter, half dem Syrer beim Aufstehen und beide verabschiedeten sich. Ich sah ihnen durchs Fenster nach und meinte dann zur Wirtin:

„Wenn ich nicht wüßte, daß Mohammedaner keinen Alkohol trinken dürfen, würde ich sagen, der Kerl ist besoffen. Er kam ja kaum ins Auto."

„Ist er auch", lächelte die Wirtin. „Er hat, während er auf euch gewartet hat, zwei Flaschen Spumante getrunken."

„Nicht möglich! Und das will ein frommer Muslim sein?"

„Ich glaube, Champagner rechnen die nicht zum

Alkohol", meinte die Wirtin, „denn bei der Bestellung sagte er, ‚nix Wein, nix Bier, nix Alkohol, nur Schampus, capisco?'"

Das erinnerte zwar an Hadschi Halef Omar, machte mir aber den alten Miesnick nicht sympathischer. Nun, wir tranken zwar keinen Schampus, doch auch der ungewohnte Chianti, der zwar weniger Alkohol enthält als unsere Weine, steigt einem im Laufe der Zeit zu Kopf. Was Wunder, daß der Villacher Holzhändler bald Kärtner Lieder zu singen begann. Und wie der Blumenduft die Bienen anlockt, so lockte der Gesang den Vorstand des österreichischen Zollamtes herbei, der schon in der offenen Tür kräftig in das Lied miteinstimmte und zu einem anschließenden Umtrunk eingeladen wurde. Und dann entspann sich eine Art Sänger-Krieg, der stets mit den Worten begann: „Jessas, des kennt er aa!" und als die beiden bei Koschats rührseligen „Verlassen, verlassen, verlassen bin i', wie der Stoan auf der Straßen ..." angelangt waren, nahm der Vorstand sein Amtskappel vom Kopf und unserem Villacher Begleiter rannen zwei salzige Tränen die Wangen herab. Zum Schluß bekam der Vorstand, der sich plötzlich seiner Pflicht entsann, eine Sardinen-Büchse in die Hand gedrückt und entschwand.

Doch das mit der Sardinen-Büchse — bei uns damals eine Rarität — schien sich herumgesprochen zu haben, denn bald darauf tauchte ein Zöllner nach dem anderen bei uns auf, und ein jeder bekam eine Sardinen-Büchse in die Hand gedrückt. Die Wirtin paßte auf wie ein Schießhund und ich glaube nicht, daß ihr eine entgangen ist. Doch da der Holzhändler die ganze Zeche zahlte, hatte ich keinen Grund, mich über deren Höhe aufzuregen. Schließlich brachten wir ihn ja heil und gesund heim.

Am nächsten Vormittag rief der Ägypter auch tatsächlich an und wir waren auch billiger als der Triester Exporteur. Doch da die rechtzeitige Lieferung an ein Pönale gebunden sein sollte, wodurch der Wert des Akkreditivs in Frage gestellt worden wäre, zerschlug sich das proponierte Geschäft, und ich schloß ein paar Tage später mit den Türken ab, die Tabak für Schnittholz lieferten und wobei eine österreichische Großbank für die Zahlung der Holzlieferungen garantierte. Die österreichische Großbank hat bei dieser Transaktion — wie man später erfuhr — viel Geld verloren. Doch wer hat schon Mitleid mit einer Bank?

ABENTEUERLICHES INKASSO

Ich lernte Herrn Sepp Lichtblau in Innsbruck kennen, wo ich auf einen italienischen Geschäftsfreund wartete. Italiener haben andere Zeitbegriffe als wir und wenn einer zum Beispiel sagt: ‚Ich komme morgen', so meint er damit einen Tag, der morgen beginnt. Und kommt er dann drei Tage später wirklich, wundert er sich, daß man so blöd war, auf ihn zu warten. Doch ich war damals mit den Gepflogenheiten unserer südlichen Nachbarn noch wenig vertraut, fuhr also nach Innsbruck, wo ich tatsächlich drei Tage auf meinen italienischen Partner warten mußte. Und diese ganzen drei Tage regnete es. Es war zum verzweifeln!

Am zweiten Tag hatte ich es satt, in der Frühstücksstube meines Hotels zu sitzen und ging — trotz Regens — ein wenig spazieren. Da ich — zum Unterschied zu englischen Gentlemen — keinen Schirm hatte — ich betrachte einen Schirm als ein unmännliches Requisit — war ich nach einiger Zeit gezwungen, mich unterzustellen, falls ich nicht total naß werden wollte, und betrat eine Weinstube, in der ich den besagten Herrn Lichtblau kennen lernte, der mir eine derart phantastische Geschichte erzählte, von der ich heute noch nicht recht weiß, ob ich sie glauben soll. Wer aber die alte österreichisch-ungarische Monarchie mit ihren vielen Völkerschaften gekannt hat, hält auch phantastisch klingende Geschichten nicht für unmöglich, selbst wenn ich in Betracht ziehe, daß Herr Lichtblau schon vorher — ich meine, bevor ich mich zu ihm setzte — einige Glas Wein konsumiert hatte und wir anschließend noch einige weitere Gläschen gemeinsam tranken.

Was uns einander sofort näher brachte, war der Umstand, daß Herr Lichtblau Sägewerksbesitzer und somit ein Branchen-Kollege war. Nachdem wir also einige Zeit über die Aussichten auf dem italienischen Holzmarkt gefachsimpelt hatten, wobei wir beide feststellten, daß die Italiener in puncto Zahlung wesentlich besser sind als ihr Ruf, wenn sie auch Verzögerungen lieben, begann Herr Lichtblau plötzlich zu grinsen und sagte — nach dem Grund seiner Heiterkeit gefragt — er müsse mir eine gelungene Geschichte erzählen, die ihm zu Beginn des ersten Weltkrieges passiert sei. Doch lassen wir Herrn Lichtblau selbst erzählen.

„Ich schicke voraus", begann er, „daß schon mein Vater Sägebesitzer war und ich mich daher in ein fertiges Bett setzen konnte. Wir hatten nun einen ständigen Abnehmer in Mailand, die Firma Giuseppe Rossi, und die lange Geschäftsfreundschaft war im Laufe der Zeit auch zu einer persönlichen Freundschaft geworden. Ich verbrachte meine Lehrzeit in Mailand und der junge Carlo Rossi die seine bei uns in Innsbruck, was auch den Zweck hatte, daß wir beide die Sprache des Nachbarlandes perfekt erlernten, was natürlich für beide Teile von großem Wert ist. Als nun im Mai 1915 Gerüchte auftauchten, der italienische Bundesgenosse mobilisierte gegen uns — die Engländer, die stets großzügig im Verteilen fremder Länder waren, hatten, wie später bekannt wurde, den Italienern Südtirol und Triest für den Kriegseintritt versprochen — schickte mich mein Vater nach Mailand, um bei der Firma Rossi den Gegenwert von drei Waggons Brettern zu kassieren, bevor ein allfälliger Krieg die Überweisung unmöglich machen würde. Obwohl ich mir nun einen Krieg mit Italien nur schwer vorstellen konnte, machte ich mich sofort auf den Weg und fuhr mit dem nächsten Zug nach Mailand."

„Ich kam dort am späten Nachmittag an, nahm ein Taxi und fuhr zu den Rossis hinaus, die in einer Vorstadt eine nette Villa bewohnten, in deren geräumigem Hof sich ein Lagerplatz samt Bürogebäude befanden. Auf mein Läuten öffnete mir Gianna, Carlos junge Frau, die ich schon seit Jahren kannte. Ich hatte sie schon als Mädchen gekannt, denn sie hatte, bevor sich Carlo in sie verliebte, als Schreibkraft im Rossi-Büro gearbeitet. Sie begrüßte mich mit echt italienischer Lebhaftigkeit und Herzlichkeit, küßte mich auf beide Wangen und ich erfuhr von ihr, Carlo sei heute morgen mit dem Geld, das er uns schulde, nach Innsbruck gefahren, und falls wir uns unterwegs getroffen hätten, hätten wir uns beide die Weiterreise ersparen können. Trotzdem freue sie sich, mich wiederzusehen, ich könne ihr nun beim Nachtmahl Gesellschaft leisten, allein zu essen sei so langweilig und das Fremdenzimmer, in dem ich zwei Jahre gewohnt, sei gleichfalls parat, mich zu beherbergen und so weiter. Sie plauschte die ganze Zeit, die mir im Flug verging, und als sie das Nachtmahl auftrug, brachte sie, zur Feier des Tages — wie sie sagte — auch eine Flasche Spumante, und als diese ausgetrunken war, holte sie eine zweite aus der Speisekammer."

„Das war wirklich ein sehr herzlicher Empfang", warf ich ein.

„Stimmt", sagte mein Nachbar, „aber Sie dürfen nicht vergessen, daß Gianna eine Art alter Liebe von mir war, denn ich hatte sie seinerzeit, als sie noch im Rossi-Büro arbeitete, verehrt, ich hatte sie öfter ins Kino ausgeführt und — nun — im Küssen sind die Italienerinnen nicht so geizig wie unsere Mädchen, weil einem Kuß in Italien auch nicht die Bedeutung zukommt, wie bei uns ... Nun, ich muß sagen, bei der zweiten Flasche kamen wir uns zusehends näher ..."

„... und auch die Küsse bekamen tiefere Bedeutung", schmunzelte ich.

„So ist es", grinste er. „Wissen's, Herr Nachbar", fühlte er sich verpflichtet, mir zu erklären, „ein italienisches Mädchen ist nicht so leicht zu erobern ... viel schwerer als bei uns. Wenn sie aber einmal verheiratet sind, dann ist's wieder umgekehrt. Das mag damit zusammenhängen, daß eine italienische Ehe nicht geschieden werden kann. Ich weiß es nicht ... Jedenfalls kamen wir uns damals immer näher und landeten schließlich in den Betten des ehelichen Schlafzimmers ..."

„Und was wäre gewesen, wenn Carlo zurückgekommen wäre?" fragte ich.

„Wir hatten uns ausgerechnet, daß dies unmöglich sei. Auch Carlo würde erst gegen Abend in Innsbruck ankommen."

„Klingt plausibel, denn er hatte genau so weit zu fahren wie Sie."

„Richtig. Aber lassen Sie mich weiter erzählen. Da es im Mai in Mailand schon reichlich warm ist, hatten wir beide nichts an und hätten dies vermutlich auch nur störend empfunden. Wir lagen also — um es ungeschminkt zu sagen — beide nackt auf den Betten, als sich plötzlich die Zimmertüre öffnete und ein Carabiniere ins Zimmer trat ..."

„Tableau!" rief ich und lachte.

„Mir war damals nicht zum Lachen zumute", meinte er düster. „Also, der Kerl salutierte stramm, wobei er die Hand so vor die Augen hielt, daß wir Zeit hatten, die Decken über uns zu ziehen und fragte dann: ,Sind Sie, Signore, der Tenente Carlo Rossi?'"

„Unwahrscheinlich!" fiel ich lachend ein.

„Vielleicht. Aber was hätten Sie in einer solchen Situation geantwortet?" fragte er mich. „Hätten Sie etwa ,NEIN' gesagt, ich bin nicht der Carlo Rossi, sondern der Sepp Lichtblau aus Innsbruck?"

„Kaum."

„Na, sehen Sie! Ich hab also ,JA' gesagt und gefragt, was der nächtliche Überfall zu bedeuten hat."

„,Der Krieg ist ausgebrochen, Tenente', sagte er, ,und hier ist Ihr Stellungsbefehl. Sie müssen unverzüglich einrücken. Ihr Regiment marschiert um vier Uhr morgens an die Front.'"

„Krieg?" fragte ich den Carabiniere, „gegen wen, ich bitt' Sie?"

„,Gegen Österreich natürlich und gegen Deutschland auch. Es tut mir leid, Tenente', sagte er grinsend, ,aber wenn das Vaterland ruft. Sie verstehen ...' Er warf noch einen raschen — wenn auch vergeblichen — Blick auf Gianna, die inzwischen ihre Decke bis zur Nasenspitze hochgezogen hatte, salutierte höflich und wandte sich zum Gehen."

„Wie sind Sie denn hereingekommen, Carabiniere?" rief ihm Gianna nach.

„,Durch die Türe, Signora. Die Türe war offen. Ich

habe dreimal geklopft und bitte um Entschuldigung, Signora.'"

„Und was taten Sie nun wirklich?" fragte ich belustigt.

„Was hätte ich schon tun können, ohne einen Rattenschwanz von Katastrophen zu provozieren? Auch bat mich Gianna inständig, Carlos Rolle weiterzuspielen, selbst wenn sie nicht mehr so angenehm wie bisher sein würde, denn Carlo sei leider sehr eifersüchtig und weiß Gott, was passieren würde ..."

„Selbst auf die Gefahr hin, als Spion erschossen zu werden?" fragte ich ihn.

„Tja, wissen Sie, wer A sagt, muß in einem solchen Fall auch B sagen. Im übrigen hatten wir gar nicht die Zeit, alle Möglichkeiten durchzusprechen. Gianna brachte mir Carlos Bersagliere-Uniform ..."

„Aber beim Regiment mußten doch Carlos Kameraden erkennen, daß Sie nicht der echte Carlo Rossi sind", warf ich ein.

„Sie überschätzen das, Herr Nachbar. Bei dem Wirbel einer raschen Mobilisierung, noch dazu bei Nacht. Mir wurde in der Kaserne ein Zug zugeteilt und ich erstickte jeden eventuellen Verdacht in eifriger Geschäftigkeit. Und dann marschierte ich an der Spitze meiner hundert Mann zum Bahnhof, wo wir einwaggoniert wurden. Es klappte natürlich hinten und vorne nicht, die Leute waren verschlafen und die Offiziere heilfroh, daß ein junger Leutnant Ordnung in den Sauhaufen zu bringen versuchte. Der Oberst klopfte mir denn auch anerkennend auf die Schulter und fragte nach meinem Namen. ‚Rossi? Ach Sie sind der junge Rossi, der Sohn des Sägewerkers Giuseppe Rossi? Ihren Herrn Papa hab ich gut gekannt und manche Schachpartie mit ihm gespielt!' Vielleicht hatte ich auch Glück, daß keiner von Carlos Freunden in der Nähe war. Darum vermied ich es auch, in den Offiziers-Waggon einzusteigen, sondern blieb bei meinen Leuten im Güterwagen, was mir diese hoch angerechnet haben. Auch später — wir kamen in die sogenannten ‚Sieben Gemeinden' — ging alles reibungslos und es gab zum Glück keinen, der meine Identität als Carlo Rossi bezweifelt hätte ..."

„... oder sich hütete, es Sie merken zu lassen", fiel ich ein.

„Möglich aber unwahrscheinlich, denn wer kam schon in unsere Caverne? Die Stellungen waren übrigens vorzüglich ausgebaut und von langer Hand vorbereitet. Und das war für uns Österreicher vielleicht ein Glück, denn niemand dachte hier an einen Vorstoß. Wäre der damals erfolgt, die schwach besetzten österreichischen Stellungen wären glatt überrannt worden. Von österreichischer Seite wurde diese Schwäche dadurch kaschiert, daß der rasch zusammengekratzte Landsturm in den Tälern spazieren geführt wurde, um den italienischen Beobachtern einen ständigen Zuzug frischer Truppen zu demonstrieren. Die Italiener hätten also gerne gewußt, wie es drüben aussieht, und da kam endlich die von mir ersehnte Gelegenheit. Der Bersagliere-Oberst, der mir so freundlich auf die Schulter geklopft hatte, rief mich an und befahl für heute Nacht eine Spähtrupp-Aktion, welche dies erkunden sollte. Der Mond sei im ersten Viertel, meinte der Oberst, also für ein derartiges Unternehmen gerade die ideale Beleuchtung. Es bleibe mir überlassen, wieviele Männer ich mitnähme, doch er empfehle mir, nur Freiwillige einzusetzen. Ich fragte also meine Leute, wer sich zu diesem ‚Himmelfahrts-Kommando' — ich schilderte die Gefahren in grellen Farben — melde und war erfreut, daß dies keiner tat. Ich kam auch auf die Sache nicht mehr zurück und informierte nur, als es genügend dunkel war, meinen Feldwebel, daß ich in Kürze aufbrechen würde und er inzwischen das Kommando zu übernehmen habe. Der gute Kerl bot mir seine Begleitung an, doch ich redete ihm das aus und erklärte ihm, daß bei diesem Unternehmen nur der Erfolg haben könne, der deutsch verstünde. Denn nur aus den Gesprächen der Besatzung drüben könne man ein richtiges Bild gewinnen. Meinen Bersagliere-Helm mit den auffallenden Hahnenfedern ließ ich zurück und setzte eine dunkle Skimütze auf.“

Nachdem sich Herr Lichtblau durch einen kräftigen Schluck gestärkt hatte, fuhr er fort: „Damals waren wir noch nicht so weit, daß das Niemandsland zwischen den Fronten von Scheinwerfern derart erhellt war, daß keine Maus sich dort unbemerkt bewegen konnte, sondern die Landschaft lag dunkel — fast möchte ich sagen — friedlich vor mir. Der Mond war gerade im Aufgehen, als ich die Caverne verließ und vorsichtig nordwärts schlich. Die Route hatte ich schon vorher genau fixiert und kroch auf allen Vieren — wie ein Indianer — auf einen Felsblock zu, der etwa in der Mitte des Niemandslandes lag. Und gerade wie ich ihn erreicht hatte und mich in seinem Schatten aufrichtete, hörte ich ein Geräusch und sah, wie von der Gegenseite ein Mann um die Felsnase bog. Hier galt es rascher zu sein als der andere. Ich riß also meine Pistole heraus und befahl, nicht allzu laut, aber energisch: ‚Hände hoch!'“

Lichtblau machte eine Pause und zündete sich eine Zigarette an.

„Und weiter?" fragte ich. „Machen Sie's nicht so spannend!"

„Nun, was glauben Sie, daß dann geschah?" fragte er lächelnd.

„Weiß ich nicht. Ich bin ja kein Hellseher."

„Etwas reichlich Überraschendes. Eine bekannte Stimme fragte nämlich: ‚Bist du es, Seppl?' Und wie ich ‚ja' sage, fällt mir der Carlo Rossi um den Hals und küßt mich rechts und links ab."

„Das ist allerdings eine Überraschung!" lachte ich. „Und wie ging's weiter?"

„Wie? Nachdem wir uns beide aus seiner Feldflasche gestärkt hatten, nahmen wir uns gegenseitig gefangen, tauschten die Uniformen und verabschiedeten uns mit herzlichen Wünschen für ein baldiges Kriegsende."

Ich lachte Tränen. Und nachdem ich mein Glas ausgetrunken hatte, sagte ich: „Da sieht man, wie der Zufall oft spielt!"

Und ob die Geschichte nun wahr oder nicht wahr ist, sie stimmte mich sehr, sehr nachdenklich.

EINIGES ÜBER DUMPING-PREISE

Ich saß im Foyer des Wiener Hotels de France und
wartete auf eine Dame. Auf Damen muß man meist
warten, das scheint ein ungeschriebenes Vorrecht des
weiblichen Geschlechtes zu sein. Auf dem Portier-Tisch
stand ein kleines, mageres Fichtenbäumchen, auf dem
ein paar elektrische Kerzen brannten und an das baldige
Weihnachtsfest gemahnten ... Die Gäste, die durch die
Drehtüre hereingewirbelt wurden, stäubten den Schnee
von ihren Kleidern, denn draußen schneite es in dicken
Flocken. Doch davon merkte man in der warmen, fen-
sterlosen Hotelhalle nichts.

Ich hatte schon dreimal beim Portier nach Frau H.
gefragt, die ich persönlich nicht kannte, und der Portier
war schon etwas ungehalten. Er werde mich schon verständigen, wenn sie käme. Die Dame wolle noch allerhand Einkäufe machen, denn morgen müßte sie wieder
heim, belehrte er mich. Ich setzte mich also wieder auf
meinen Platz, und um mir die Zeit zu vertreiben, dachte
ich an die Szene eines Films, den ich kürzlich gesehen
hatte: auf einem Platz, der schachbrettartig gepflastert
war, wartete vor einer großen Uhr ein junger Mann mit
einem Blumenstrauß. Nach einer halben Stunde begann
er im Kreis herumzugehen, wobei er stets nur auf die
schwarzen Fliesen des Bodens trat. Dann probierte er,
auf einem Bein im Rösselsprung über zwei Felder zu
hüpfen. Schließlich wurde er müde, setzte sich auf eine

Bank und schlief ein. Die Zeiger der Uhr rückten immer weiter vor, die Dämmerung brach herein und schließlich erschien der Mond am Himmel. Da erwachte der junge Mann, sah verschlafen nach der Uhr, schmetterte in plötzlicher Wut die Rosen auf den Boden und wollte davon. Da sah er die Ersehnte auf sich zukommen, hob die Blumen reuevoll wieder auf und wollte sie mit einem Kuß seiner Dulcinea übergeben. Doch diese wehrte ihn entrüstet ab, weil ihm inzwischen ein Stoppelbart gewachsen war. Ein netter Einfall eines Film-Regisseurs, über den ich jetzt noch grinsen mußte.

Die Dame, die ich erwartete, kam aus meiner Heimat, und meine Mutter schrieb mir, sie habe ihr eine eingeweckte Gansleber mitgegeben. Eine Gansleber ist auch in normalen Zeiten eine Delikatesse, im Jahre 1921 aber war sie ein Märchen. Kommt hinzu, daß die Leber von einer gemästeten Gans stammte. Da das Mästen inzwischen unmodern geworden ist (die klassischen Gänseländer sind inzwischen alle kommunistisch geworden und wer hätte dort noch Zeit und Lust, Staatsgänse für kapitalistische Gaumen zu schoppen?). Doch damals gab's eben noch Mastgänse und die heutigen Menschen wissen nicht mehr, daß zwischen der zarten, weichen Leber einer gemästeten Gans und der kleinen, harten Leber einer Grasgans ein Unterschied ist wie zwischen Forelle blau und einem Matjeshering.

Während mir das durch den Kopf ging, kam ein kleines, dürres Männchen auf meinen Tisch zu, sagte mit einer kleinen Verbeugung „jestatten" und setzte sich an meinen Tisch. Er hatte ausgesprochen schlaue Augen, mit denen er mich musterte, während er mit dem Zeigefinger sein kleines, englisch gestutztes Bärtchen glatt

122

strich. Ein Kellner, der plötzlich im Foyer aufgetaucht war und Bestellungen entgegennahm, kam herbei und fragte nach unseren Wünschen.

„Gebense m'r een Triple Sec", sagte mein Nachbar und ich tippte auf Berliner.

„Und mir einen Cognac", ergänzte ich.

Da öffnete mein Gegenüber den Mund: „Bestellense sich ooch een Triple Sec", sagte er zu mir.

„Warum?" fragte ich, denn ich hatte keine Ahnung, was das für ein Getränk war.

„Weil das bekömmlicher und leichter ist."

Da mir im Prinzip egal war, was der Kellner brachte, nickte ich dem Ober zu und sagte: „Schön, also auch Triple Sec. Ich will dem Herrn nicht widersprechen, weil er Ausländer ist."

„Hat sich was mit Ausländer", brummte er und zu mir gewendet: „Sie warten sicher ooch auf 'ne Frau?"

„Wie haben Sie das erraten?" fragte ich.

„Weil ich das kenne. Weiß Gott, warum die immer zu spät kommen müssen!" seufzte er. Und als der Triple Sec kam, der sich als gewöhnlicher Orangen-Likör entpuppte, begann er in einem Ton zu erzählen, als wäre ich ein alter Bekannter. Da er kurz darauf wieder einen Triple Sec bestellte, nahm ich an, daß dessen Bekömmlichkeit ihn dazu verleitet hatte, schon vorher einige Gläschen zu kippen, was seine Zunge so überraschend gelockert haben mochte. Ich erfuhr von ihm, daß er Berliner sei, aus der Schnittwaren-Branche komme und während des Krieges einiges Geld verdient habe. Mit diesem Geld habe er die Absicht, sich selbständig zu machen und er plane, ein Holz-Import-Geschäft in Holland aufzuziehen.

„Wie kommen Sie ausgerechnet auf Holz?" fragte ich.

„Dat werd' ik Ihnen jenau erklären. Ich hab nämlich een Schwager, Moritsch heesst er und der hat mir jesacht, daß alle Holzhändler reich werden. Und mehr will ich jar nich'", fügte er bescheiden hinzu.

„Moritsch ... Moritsch", spekulierte ich. „Ich hab einen Förster namens Moritsch gekannt ..."

„Großartig! Mein Schwager is' Förster. Wieso kennen Sie den?"

„Mein Vater ist auch Forstmann und der Förster Moritsch war ihm einst zugeteilt."

„Det is' großartig!" rief er und wollte genau wissen, wo und in welcher Position mein Vater sei.

Ich erklärte ihm, daß mein Vater eine Forstdirektion von einigen tausend Hektar in Nordmähren verwalte.

„Da liefert er den dortigen Sägewerken das Rundholz?"

„Richtig."

„Jenau was ich brauche", murmelte er. Dann sah er mich einige Zeit nachdenklich an, holte mit einem plötzlichen Entschluß aus seiner Brieftasche eine Visitenkarte hervor, die er mir reichte und fragte spontan:

„Wollen Sie nicht zu mir nach Amsterdam kommen?"

Ich war damals zwar schon wohlbestallter Bankbeamter, doch die weite Welt lockte und besonders Amsterdam, die große Hafenstadt, hatte einen reizvollen Beiklang. Ich sagte daher:

„Warum nicht?" und gab ihm meine Visitenkarte.

„Wissense, ich bin noch nicht so weit, aber im Frühjahr oder spätestens im Sommer nächsten Jahres ..."

Da gab mir der Portier, neben dem eine Dame mit einem Paket stand, ein Zeichen und ich verabschiedete mich rasch von Herrn O., der einen weiteren Triple Sec für sich bestellte.

Und dann vergaß ich die Sache.

Meine Schicksalsgöttin aber, die bei den alten Griechen Moira hieß und die ich in guten Stunden ‚Mohrli‘ nannte, weil ich sie mir schwarzhaarig und wild vorstellte (denn ein sanfter, blonder Engel war sie — bei Gott — nicht!), hatte beschlossen, mich nach Holland zu führen und vergaß die oben geschilderte Begegnung nicht. Im Mai 1922 fuhr ich nach Holland.

Ich entsinne mich noch, daß auf der Fahrt nach Amsterdam ein Herr in meinem Abteil saß, der eine gewisse Ähnlichkeit mit unserem Latein-Professor hatte und der mir — beim Passieren der Grenze — folgenden Vortrag hielt.

„Sie sind wohl zum ersten Mal in Holland!" fragte er einleitend, da er sah, mit welch regem Interesse ich die vorübereilende Landschaft in mich aufnahm.

„Erraten", erwiderte ich kurz, ohne den Blick von den grünen Marschen mit den schwarzweißen Kühen, den vielen Kanälen mit vereinzelten Windmühlen und den schmucken, sauberen Häuschen zu wenden.

„Ein schönes Land", fuhr er fort, „und ein reiches Land. Als gute Kaufleute hatten die Holländer auch den richtigen Blick für die besten Kolonien. Und diese Kolonien haben sie reich gemacht. Was glauben Sie, was Java allein liefert? Java ist so groß wie die alte österreichisch-ungarische Monarchie, während Sie Holland an einem Tag von Süd nach Nord und von Ost nach West zu Fuß durchwandern können ... Nur auf dem Gebiet der Kunst, also da hat Holland nur Maler hervorgebracht, vielleicht die größten Maler überhaupt. Jedoch keinen Shakespeare und keinen Beethoven; nicht einmal einen Grieg. Nein, musikalisch sind sie ausgesprochene Ignoranten und schon ein Dirigent — wie Mengelberg — gehört zu den Ausnahmen. Das mag mit ihrem ausgeprägten Realismus zusammenhängen. Deswegen konnte sich auch der katholische Glaube hier nicht recht durchsetzen, denn der verlangt, an Wunder zu glauben. Das aber können Sie einem Holländer nicht zumuten. Der glaubt lieber seinem Rechenstift ... Doch ich fürchte, das interessiert Sie nicht?"

„Doch", sagte ich, „mich interessiert alles."

„Das ist recht. Ein junger Mensch soll mit offenen Augen durch die Welt gehen ... Der Hauptfehler scheint mir hier darin zu liegen, daß es in Holland zu viel blauäugige Menschen gibt. Das sind die intoleranten Realisten. Man sollte ihnen tausend braunäugige, italienische Frauen heraufschicken, das würde ihnen guttun. Aus solchen Ehen könnten dann auch Musiker und Dichter hervorgehen ..."

Auch unser Lateinprofessor hatte so ausgefallene Ideen wie mein Nachbar. Deshalb hörte ich später, als er von der mangelhaften Geographie-Kenntnis der Holländer sprach, nur mit halbem Ohr zu und war froh, daß an der nächsten Station Reisende dazustiegen, deren Anwesenheit ihn verstummen ließ.

Mein künftiger Chef, Herr O., erwartete mich beim Zug und brachte mich in die Pension, die er für mich ausgesucht hatte. Dort kam ich gerade zum Lunch zurecht, der aus einem wundervollen Kaffee mit belegten Broten bestand. Die Hauptmahlzeit ist abends.

Nachdem ich mich mit der holländischen Sprache, die gar nicht so einfach ist, einigermaßen befreundet hatte,

126

begann ich mich für den Aufbau und die Tätigkeit unserer jungen Firma zu interessieren. Ich hatte den Eindruck, daß der schlaue Herr O. nicht allzu viel eigenes Geld in die Firma eingeschossen hatte. Sie wurde hauptsächlich durch einen Bankkredit finanziert, für den ein stiller Teilhaber, ein holländischer Baumeister, der gleichfalls während des Krieges dick verdient hatte, gutstand. Außer mir gab's im Büro noch einen alten holländischen Buchhalter mit einem weißen Rübezahlbart und in der Bretterbox im Holzhafen einen Baas mit einem Arbeiter. Die Tätigkeit des Unternehmens bestand darin, daß Herr O. und ein Provisions-Vertreter Schnittholz-Aufträge acquirierten, die dann bei Sägewerken in Nordmähren bestellt wurden. Obwohl ich keinen Einblick in die Bilanzen hatte — falls es solche überhaupt gab — konnte ich mir, da ich die gesamte Korrespondenz und auch die Fakturierung besorgte, ausrechnen, daß wir nicht schlecht verdienten, trotzdem die Regien für einen Umsatz von 12 bis 15 Waggons monatlich zu hoch waren. Doch in Deutschland war inzwischen die Inflation ausgebrochen und die Fracht durch Deutschland wurde für Devisenzahler täglich billiger.

Nach all diesen Präliminarien komme ich erst jetzt zur eigentlichen Geschichte.

In Amsterdam waren damals zwei russische Schiffe mit Holz zu Dumping-Preisen angekommen. Das eine wurde in der Nähe unserer Box gelöscht und wir standen stundenlang dabei und sahen zu, wie die Bretter und Bohlen aus dem Bauch des Schiffes herausgehievt wurden. Das russische Holz — es war lauter Fichte — war einwandfrei, hatte im Schiff kaum gelitten und kostete nur etwa 75 Prozent des Holzes, das wir aus Mähren einführten. Die beiden Firmen, welche das Holz bestellt hatten, wurden über Nacht reich.

Das ließ Herrn O. keine Ruhe. Er trat von einem Fuß auf den anderen, strich sein Bärtchen glatt und sagte dann mit Überzeugung:

„Sowas müßte man auch kaufen können."

„Und warum können Sie's nicht?" fragte ich, mich dumm stellend.

„Weil man dazu eine Menge Geld braucht. Was glauben Sie, was in so ein Schiff hineingeht?"

„Könnten Sie's nicht in Kompanie mit einer andern Firma machen?"

„Auch dazu langen unsere Mittel nicht."

Doch es ließ ihm keine Ruhe und er besprach die Sache auch im Büro mit dem alten Buchhalter. „Es ist zwar russisches Holz und die Russen haben sich in den letzten Jahren allerhand geleistet — aber das sieht man dem Holz letzten Endes nicht an. Was würden Sie sagen, wenn ich so eine Schiffsladung russisches Holz bestellen würde?"

„Wenn man dabei verdienen kann", erwiderte der alte Herr würdevoll, „so kann man sich auch mit dem Teufel verbünden." Die alten Römer drückten das mit zwei Worten aus: Non olet.

„Das Risiko ist aber sehr groß", meinte Herr O.

„Ich habe gehört, die Russen liefern sehr anständig."

„Ich hab's sogar gesehen", bestätigte Herr O. „Aber wenn nur irgend etwas nicht klappt oder schief geht, bei wem wollen Sie sich dann regressieren? Das Holz müssen Sie gegen Akkreditiv kaufen, also im voraus bezahlen, bevor Sie's noch gesehen haben."

128

„Wie steht's mit der Versicherung?"

„Wird zwar von uns gedeckt, aber hören Sie mir auf mit den Versicherungen! Die finden schon einen Dreh, um sich herauszuwinden. Und für schlechte Qualität haften die natürlich nicht. Nein, man müßte so kaufen können, daß man die Ware vorher sieht ... meinetwegen auch in Rußland, wenn's sein müßte. Ich würde dann Sie hinschicken, Hubsi."

Vorerst fuhr ich allerdings erst auf Weihnachts-Urlaub heim, und als ich Anfang Januar wieder zurückkam, fand ich eine vollkommen veränderte Situation vor. Herr O. hatte zwei holländische Kommunisten kennen gelernt — einer davon soll ein berüchtigter Bombenwerfer gewesen sein — die mit erstklassigen Beziehungen zu den Sowjets geprotzt hatten, hatte ihnen bare fünfhundert Gulden gegeben und sie nach Berlin geschickt, wo sie den Kauf einer Schiffsladung Holz zu ‚menschlichen Bedingungen — wie unter Genossen üblich' anbahnen sollten. In Berlin gab es nämlich eine russische Handelsdelegation und dort wurden angeblich alle Dumping-Lieferungen — es waren auch welche nach England und Antwerpen gegangen — abgeschlossen.

Nun, mit fünfhundert Gulden konnten zwei Menschen im damaligen Inflations-Berlin recht lange und nicht schlecht leben. Die spärlichen Berichte, die aus Berlin eintrafen, waren daher meist recht nichtssagend, jedoch stets voller Zukunftsmusik. In einem der letzten Briefe, der gegen Ende Februar bei uns eintraf, war angedeutet, die beiden glaubten, endlich den richtigen Weg gefunden zu haben, denn einer der maßgebenden Genossen soll sich bereit erklärt haben, gegen Zahlung eines bestimmten Betrages, über dessen Höhe noch verhandelt würde, die Sache in Moskau zu regeln.

„Und was glauben Sie?" fragte ich Herrn O.

„Warum nicht? Oder glauben Sie, die Russen seien alle plötzlich Engel geworden, nur weil sie Kommunisten geworden sind?"

„Nein. Aber einer hat doch vor dem anderen Angst. Doch das meine ich gar nicht. Haben Sie nie daran gedacht, daß die beiden Burschen, die Sie nach Berlin geschickt haben, Ihnen einen weiteren, größeren Geldbetrag aus dem Steiß ziehen und dann ganz einfach verschwinden wollen?"

„Das glaube ich nicht. Wenn Sie sie kennen würden — und Sie werden sie bald selbst sehen — werden Sie den gleichen guten Eindruck von ihnen gewinnen wie ich."

„Warum haben Sie nicht mich nach Berlin geschickt, Herr O.?"

„Weil Sie kein Kommunist sind", lächelte er schlau.

„Ich hätte mir ja eine Mitgliedskarte von dem Verein irgendwo ausborgen können. Die Leute in Berlin wissen ja nicht, wie ich heiße. Aber ich glaube gar nicht, daß dies überhaupt den geringsten Einfluß auf die Sache hat."

„Weiß ich nicht. Von einem holländischen Bombenwerfer werden die bestimmt gehört haben . . ."

„Und wenn schon! Auch beim seligen Ali Baba wäre ein Bombenwerfer keine Attraktion gewesen. Ich glaube, Sie überschätzen das. Auch hier in Holland kennt ihn kaum ein anderer als die Polizei."

Dieser Hieb saß und Herr O. ging nachdenklich fort. Doch als die beiden Knaben anfangs März aus Berlin zurück kamen — beide in eleganten Stadtpelzen und deftigen Maßanzügen — steckte er ständig mit ihnen beisammen und es dauerte eine ganze Woche, bevor er die Sache wieder mit mir besprach.

„Obwohl ich an der Ehrlichkeit der beiden Burschen nicht zweifle", begann er, „weiß der Teufel, Sie haben mir einen Floh ins Ohr gesetzt."

„Wieviel verlangen die beiden als angebliches Bestechungsgeld?"

„Fünftausend Gulden. Und das ist mir zu viel."

Ich hatte mir vorgenommen, den beiden Knaben selbst auf den Zahn zu fühlen und lud sie — in Ermangelung eines richtig gehenden Kaffeehauses — in eine nahe Bar ein. Bei uns würde man allerdings einen weniger vornehmen Ausdruck für eine holländische Bar gebrauchen und schlicht und einfach „Schnapsbutik" dazu sagen. Allerdings sind auch diese Lokale dort peinlich sauber und die kleinen Fäßchen an der Stirnwand, die alle ein weißes Porzellanschild mit der Angabe des Inhaltes tragen, wirken wir putzige, überdimensionierte Gewürzständer. Manche dieser Schnäpse haben recht eigenartige Namen; so heißt ein roter Schnaps mit einer weißen Haube „Blut und Eiter", ein gelber, öliger „Petrus-Tränen" und so weiter. Wenn de Gaulle seine Franzosen Individualisten nannte, weil sie 103 Käsesorten erzeugen, muß das gleiche für die Holländer und ihre Schnaps-Batterien gelten.

Nachdem wir also einige Gläschen Genever gekippt hatten, begann ich in medias res:

„Sie glauben also, meine Herren, daß Sie die Sache in Berlin werden schaukeln können?"

„Unbedingt", sagte der Bombenwerfer, der überhaupt der Sprecher und Kopf des Unternehmens zu sein schien. Sein Genosse, ein hübscher, blonder Friese, verhielt sich meist schweigend.

„Und wie glauben Sie zum Ziel zu kommen? Wie haben Sie die Sache überhaupt eingefädelt? Sie waren ja ganze sechs Wochen in Berlin ..."

„Wer etwas von Psychologie versteht", begann der kleinere, dunkle Bombenwerfer, „der weiß, daß man Russen mit zwei Dingen ködern kann. Erstens mit Alkohol — aber Alkohol allein zieht selten — und zweitens mit Mädchen ..."

„Und drittens mit Geld", warf ich ein.

„Das sowieso", nickte er. „Aber die Leute werden ständig kontrolliert und haben Angst ..."

„Das ist die Hauptstärke des Regimes. Bespitzelung und Denunziation."

„Ich merke, daß Sie kein Kommunist sind", lächelte er nachsichtig.

„Haben Sie das denn erwartet?" fragte ich unschuldig.

„Ich weiß es nicht. Aber wenn Sie's wären, würden Sie mich leichter verstehen."

„Versuchen Sie's trotzdem", sagte ich.

„Nachdem ich mir also die Leute in der Handelsdelegation angesehen hatte", begann er, „entschloß ich mich für den zweiten Weg, und wir gingen auf die Suche nach einem geeigneten Mädchen. Das ist aber auch im hungernden Berlin nicht so leicht, vor allem aber zeitraubend und kostet außerdem Geld."

„Wir riskierten dabei, auch eingesperrt zu werden, wenn die junge Dame nicht dicht hielt", fiel der Friese ein, der zum ersten Mal den Mund aufmachte.

132

„Wir fanden schließlich eine in der Königin-Bar", fuhr der Bombenwerfer fort. „Sie hatte zwar den Nachteil, wenig Zeit zu haben, doch sie kannte die ganzen Genossen von der Delegation und war auch nicht prüde. Das ist wichtig, besonders bei den Russen ... Die warben wir also an ... Kostete allerhand Geld, doch sie funktionierte dann doch nicht recht, weil der Russe, den wir ins Auge gefaßt hatten, sich nicht in sie verliebte. Er brachte — im Gegenteil — ein bis zwei Kollegen mit, und diesen Strapazen war Elsa nicht gewachsen. Sie streikte ..."

„Schön. Aber ich sehe noch immer nicht ..."

„Da ging ich auf's Ganze los und lud den Mann zu einem Gläschen Wodka ein. Und bei dieser Gelegenheit legte ich ihm unser Anliegen offen vor."

„Und was sagte er?"

„Er sagte mir Folgendes: Ein Akkreditiv läßt sich nicht umgehen. Wenn man das Akkreditiv aber so erstellt, daß es einen kleinen Formfehler hat, dann kann die Bank die Zahlung so lange hinauszögern, bis das Holz im Bestimmungs-Hafen eingetroffen ist. Verstehen Sie?"

„Natürlich. Man kann dann die Annahme des Holzes verweigern, wenn was nicht in Ordnung ist und verliert keinen Groschen, oder man übernimmt das Holz mit entsprechendem Nachlaß."

„Sehr richtig. Aber das geht nur im Einvernehmen mit dem Lieferanten."

„Womit der Fall erledigt wäre", meinte ich.

„Hoho! So rasch werfen wir die Flinte nicht ins Korn. Der betreffende Beamte besitzt nämlich eine Achilles-Ferse, und das sind Frauen."

„Ich denke, die Masche hätten Sie schon versucht?"

„Ja. Aber erstens nicht bei ihm und zweitens mit untauglichem Material."

„Und was planen Sie also?"

„Wir sind hierhergekommen, um uns das richtige Mädchen zu holen."

„Und wer soll das sein?"

„Meine Schwester", sagte er stolz. „Und die hat Köpfchen. Darauf können Sie sich verlassen."

Ich beschränkte mich darauf, zu erwidern: „Haben Sie das dem Herrn O. gesagt?"

„Ich werde mich hüten! Das erzähle ich nur Ihnen. Dem O. habe ich lediglich mein Wort gegeben, er könne sich ruhig darauf verlassen, daß wir zum Ziel kommen würden, nur müsse er noch etwas springen lassen, denn das Leben in Berlin ist — trotz Inflation — teuer, und wie lange die Sache dauert, ist natürlich auch nicht abzusehen. Es kann rasch gehen, kann aber auch Wochen oder Monate dauern."

„Na, dann prost!" sagte ich und beendete unsere Sitzung. Ich hatte schon bessere Märchen-Erzähler kennen gelernt. Allerdings haben die vor der Erfindung der drahtlosen Telegrafie gelebt.

Selbstverständlich informierte ich Herrn O. über den Inhalt unseres Gespräches — dazu wurde es mir ja erzählt — und sagte zu ihm:

„Sie sind doch Berliner, Herr O. Warum fahren Sie nicht selber nach Berlin und verhandeln dort mit den Russen?"

Er antwortete nichts, kam aber am nächsten Tag zu meinem Schreibtisch: „Ich hab mir die Sache überschlafen. Sie fahren doch zu Ostern heim?"

„Gern, wenn ich kann."

„Es macht Ihnen doch nichts aus, ob's zu Ostern oder einen Monat früher ist?"

„Keineswegs."

„Dann fahren Sie gleich morgen, nehmen Ihre Route über Berlin und informieren sich bei den Russen ..."

„... und bei der Berliner Handelskammer, die ja auch einiges wissen dürfte."

„Jawohl. Versuchen Sie möglichst viel Informationen zu bekommen."

So kam ich also zum ersten Mal mit den Russen in Berührung und was mir damals — nicht gerade sympatisch — auffiel, war, daß ein jeder, mit dem man sprach, einem früher oder später eine rote Sammelbüchse entgegenhielt. Der Portier sogar zweimal; beim Kommen und beim Fortgehen.

Nach dreitägigem Aufenthalt berichtete ich Herrn O. folgendes: Russisches Holz könne jeder kaufen, der in der Lage sei, ein Pfund-Akkreditiv zu erstellen. Die Bestellung kann bei der Handelsdelegation in Berlin auch schriftlich erfolgen und wird bestätigt oder auch nicht bestätigt, je nach Vorratslage. Allerdings wird Interessenten empfohlen, sich zu beeilen, denn der günstige Preis gelte nur noch für eine relativ geringe Menge. Für die neue Produktion würden dann wieder normale Preise verlangt. Die Handelskammer empfiehlt äußerste Vorsicht und hat keine gute Meinung von den Dumping-Lieferungen, deren Erlös nicht zur Einfuhr von Lebensmitteln benötigt wird, sondern zur Wiederaufrüstung des russischen Staates.

Nun, ich will die Sache kurz machen. Es war Herrn O. gelungen, den stillen Teilhaber zur Erhöhung seiner

Kredit-Garantie zu bewegen und das Akkreditiv für eine Schiffsladung russischen Holzes zu erstellen, welches im Oktober — also reichlich spät — in Amsterdam eintraf. Wir sausten in den Holz-Hafen und sahen zu, wie die Ladung gelöscht wurde.

Die erste Lage war einwandfrei und Herr O. rieb sich zufrieden die Hände. Auch gegen die zweite Lage ließ sich noch nichts einwenden. Doch was dann kam, war eine Katastrophe. Der letzte Mist war in den Sägewerken zusammengekratzt worden. Die Bretter spielten alle Farben, auf manchen wuchsen gelbe und rötliche Pilze und viele, sonnengeschwärte Planken waren geworfen, ein besonders arger Fehler. Der Großteil war vom langen Lagern rissig geworden. Das Gesicht des Herrn O. schimmerte grünlich und auch ich hatte kein gutes Gefühl im Magen.

„Bleibense da", sagte er zu mir, „ich hab die Nase voll und werd' jetzt heimfahren." Unser Baas stand unglücklich neben mir und fragte immer wieder: „Was soll jetzt werden?"

Diese Frage stellte ich mir allerdings auch, doch ich harrte bis zum Schluß aus. Es kamen zwischendurch immer wieder kleinere Mengen einwandfreien Holzes, doch die machten das Kraut nicht fett. Ich animierte den verstörten Baas, das gute Holz separat zu stapeln, um einen ungefähren Überblick zu gewinnen und auf diese Arbeit stürzte er sich mit Eifer. Als es finster wurde, mußten wir die Arbeit unterbrechen.

Als ich am nächsten Tag recht verspätet zu unserem Büro kam, denn ich hatte noch die restliche Ausladung mitgemacht, stand der alte Buchhalter vor der Haustüre und erklärte mir erregt, er klopfe und läute schon eine gute Stunde, auch mit seinem Stock habe er ans Fenster geklopft — Herr O. wohnte mit seiner Frau im Parterre, während die Büros im ersten Stock waren — doch es habe ihm niemand geöffnet. Ich schickte ihn zum Polizisten, der bei der Schowburg stand und der gleich mitkam. Nach kurzer Erklärung war er einverstanden, daß wir einen Schlosser holten und blieb auch so lange, bis der Schlosser die Haustüre aufgesperrt hatte. Im unteren Wohn- und Schlafzimmer waren die Spuren eiligen Packens zu sehen. Kästen und Schubladen standen offen und eine spätere Anfrage der Bank bei einem Auskunftsbüro ergab folgenden Schlußbescheid: Vermutlicher Aufenthalt: Europa.

Das hätte die Bank natürlich billiger haben können, aber die Bank verlor ja nichts dabei.

WITZE

UND

ANEKDOTEN

EINIGE WERBE-SLOGANS

Der alte Specht
klopft zwar schon schlecht.
Doch auch als er noch jünger war,
gelang es ihm doch nimmerdar,
das Holz der deutschen Eichen
durch Klopfen zu erweichen.

Hölzerne Leitern — weiß ein jeder —
verwendet stets ein Schornsteinfeger.
Die wird schön schwarz, das ist bequem,
will er des Nachts dann Fensterln gehn.

Aus Holz ist auch die Hühnerleiter
und die ist kurz und meist beschissen
Sie gleicht dem Leben und so weiter,
das wir auf Erden führen müssen.

Drum sei vernünftig und auch stolz
und wähle für dein Brett vor'm Kopf
— und seist du auch ein armer Tropf —
nur Rosenholz!

Denn von der Wiege bis zum Grabe,
brauchst du stets Holz —
Merk dir das, Knabe!

DIE MÄUSE UND DAS EICHENFASS

Wie allmonatlich, hielten die Mäuse eines Weinkellers in der Vollmondnacht ihre Versammlung im Schatten eines großen Weinfasses ab. Der rangälteste Mäuserich sprang auf ein kleines Fäßchen und fragte:

„Sind Wachen ausgestellt, so daß wir vor der Katze sicher sind?"

„Jawohl, Exzellenz", meldete der Polizei-Mäuserich und wedelte stramm mit seinem langen Schweif.

„Schön. Also dann können wir beginnen", fuhr der Senior fort. „Punkt eins unseres heutigen Programms: Oma-Maus wird euch Jungen zeigen, wie man eine Menschen-Zuschnapp-Falle, in deren Mitte eine Speckschwarte duftet, entschärft und den Speck gefahrlos verzehren kann."

Alles pilgerte in eine Ecke und sah zu, wie die erfahrene Oma, mit einem Strohhalm in der Schnauze, so lange gegen den Speck stieß, bis die Falle mit lautem Getöse und einem schreckhaften Hopser zuschnappte. Und sie sahen mit angstgrauen Gesichtern, wie sich nun Oma furchtlos neben dem Speck niederließ und an demselben zu knabbern begann.

„Ihr seht", fuhr der Senior fort, „Geschicklichkeit ist keine Hexerei ... Weitaus gefährlicher sind allerdings diese Brocken hier, die gleichfalls von Menschenhand gestreut werden. Außen enthalten sie leckeres Brot, innen aber sind gefährliche Bazillen eingebacken, die unseren ganzen Stamm infizieren und vernichten könnten ..."

Ein ängstliches Raunen ging durch die Menge: „Was tun wir da?"

„Auch dafür ist vorgesorgt, denn wir Mäuse sind die klügsten und intelligentesten Tiere, die es gibt. Die alte und kranke Mia-Maus, die nicht mehr lange zu leben hat, hat so eine Kugel gefressen. Wenn sie morgen noch lebt, sind die anderen Kugeln ungefährlich. Aber bis dahin wird keine angerührt. Verstanden?"

„Jawohl", tönte es im Chor zurück.

„Und jetzt, liebe Freunde und Volksgenossen, komme ich zu einem anderen Problem. Diese Fässer hier enthalten einen Saft, den die Menschen sehr schätzen und der sie stark und mutig macht. Es ist daher schon lange unser Wunsch und Bestreben, an diesen Saft heranzukommen. Doch so viel und so lange wir an dem harten Holz der Dauben auch nagen — die Menschen nennen es ‚deutsche Eiche' — es ist uns bisher nicht gelungen, dasselbe auch nur anzuritzen. Dabei wurde dieses Elixier ... Was willst du, Mike-Mäuserich?"

„Exzellenz", piepste dieser, „ich habe auf dem Faß, auf welchem Sie zu stehen geruhen, eine weiche, runde Stelle gefunden und auch bereits angenagt. Es bedarf nur noch weniger Bisse, um durchzukommen."

„Tatsächlich? Also los!"

Ein paar Mäuseriche halfen mit. Doch dann brach plötzlich der Wein sprudelnd aus dem Spundloch und schwemmte nicht nur die Nager, sondern auch jegliche Disziplin fort.

Und als dann alle richtig besoffen waren, sprang der kleine Mike-Mäuserich auf das Faß, strich sich unter-

nehmend seine Schnurrbart-Haare — rechts fünf, links
vier — und rief laut:

„So, Volksgenossen, und jetzt gehen wir die Katze
vergewaltigen!"

DIE FEE

Eine Dame, die sich mit Holzhandel befaßt und speziell in die Levante liefert, hat, ob der Schwierigkeit
dieses Geschäftes, graue Haare bekommen (die sie natürlich färbt!), aber noch nicht ihren Humor verloren. Die
erzählte einst in gemütlicher Runde folgende Geschichte:

Zu Silvester saß ich allein mit meinem Kater Felix
bei einem Glas Punsch — es mögen auch zwei oder drei
gewesen sein — in meinem Zimmer und blies Trübsal.
Da stand plötzlich eine lichte Fee vor mir und sagte:

„Weil du dich dein Leben lang brav und bieder für's
Finanzamt geplagt hast, will ich dir heute drei Wünsche
erfüllen. Also denk' gut nach."

„Da gibt es nicht viel nachzudenken", sagte ich.
„Erstens wünsche ich mir, daß meine Kunden mit der
angelieferten Ware stets zufrieden sein mögen und keine
Anstände machen."

„Schön. Und zweitens?"

„Zweitens, daß sie immer so prompt zahlen, wie die
Liefersägen es wünschen."

„Und drittens?"

„Drittens? Nun, da möchte ich etwas für mein Gemüt

und wünsche mir, daß mein Kater Felix, der hier liegt, in einen feschen, jungen Prinzen verwandelt wird."

Die Fee verschwand, doch statt des Katers saß ein hübscher, junger Mann mir gegenüber im Lehnstuhl. Ich zog ihn gerührt zu mir herüber, küßte ihn zärtlich und fragte:

„Na, Felix?"

Worauf dieser reserviert erwiderte: „Gelt, jetzt tut's dir leid, daß du mich voriges Jahr hast kastrieren lassen?"

Lachen in der Runde und einer fragt: „Und wie war's mit den anderen Wünschen?"

„Genau so", sagte die Dame traurig, „und es ist schade, daß wir Holz nicht astrein in Formen pressen können. Das wäre eine epochale Erfindung!"

GEWUSST WOHIN

Während des ersten Weltkrieges saß im k. und k. Kriegsministerium am Stubenring in Wien der alte Oberst Mikosch von Kiryházy, den man aus dem Ruhestand ausgegraben hatte und dem stets kalt war. Das sagte er wiederholt zu seinem Adjutanten, dem Oberleutnant Weghofer.

„Also kann ich mir nicht helfen, Weghofer, aber hier in main Zimmer ziegt es."

Der Adjutant, der diese Beschwerde schon zur Genüge kannte, zuckte bloß die Achseln.

„Leg' — bittaschön — daine Hand hier unter Fensterbrettl", fuhr der Oberst fort, „das ist lauter kalte Luft, wos do hereinkommt. Da muß was g'schehn, main Lieber."

„Vielleicht könnt' man eine Leiste vornageln oder aber die ganze Fensternische mit Brettern verschalen", schlug der Adjutant vor.

„Sehr gut. Aber wo nimmt man — bittä — Brettln her im vierten Kriegsjahr? Wenn ich sie anfordern tu über Material-Depot, ist inzwischen Krieg aus, bevor ich sie krieg'."

„Hoffentlich!" murmelte Oberleutnant Weghofer.

„Aber halt!" rief der Oberst. „Da fällt mir ein: wir haben doch draußen im Vorzimmer den Andersgläubigen sitzen, der in Zivil was mit Holz zu tun hat ..."

„Jawohl, Herr Oberst."

„Schick mir — bittä — den Mann herein."

Gleich darauf klopfte es und ein magerer Unteroffizier mit einer mächtigen Hornbrille klappte die Hacken übertrieben laut zusammen und blieb abwartend neben der Türe stehen.

„Sie sind doch in Zivil Holz ..."

„Holzhändler. Zu Befehl, Herr Oberst."

„Und wie heißen Sie, Korporal? Kann ich mir Ihren Namen schwer merken."

„Er is' auch e bißl kompliziert. Isidor Schweißloch heiß' ich, und das W hat meinen Großvater nebbich viel Geld gekostet."

„Also schauen Sie her, Korporal Sch ... — komischer Name — also hier in main Zimmer ist ständiger Zug. Greifen Sie unter Fensterbrettl ... Na, sehen Sie! Und bin ich da der Mainung, daß müssen wir das vernageln mit Laiste oder Brett. Aber wo kriegt man im Krieg Brettl her? Hab' ich mir gedacht, Sie werden das können arrangieren ...?"

„Kann ich, Herr Oberst, kann ich. Aber wenn ich mir derf gestatten e Vorschlag: Warum sitzen Herr Oberst dort beim Fenster?"

„Wail hab ich da bestes Licht."

„Und was haben Sie von bestem Licht oben, wenn Ihnen unten hereinströmt kalter Ozon? Wennse aber möchten den Schreibtisch hier in de Ecke rücken ..."

Der Korporal Isidor Schweißloch wurde noch am gleichen Tag zur Beförderung eingegeben.

DAS ZUCKERL-GESCHÄFT

Nach dem zweiten Weltkrieg waren die geschäftstüchtigen Eidgenossen die ersten, welche das Holzgeschäft mit Österreich wieder aufnahmen. Um dasselbe ein wenig schmackhafter zu machen (der Wert des Geldes war damals, als man für Milch, Eier und Speck Gold-Dukaten hergeben mußte, noch reichlich illusorisch), waren die Holzeinkäufer ermächtigt, für jede abgeschlossene Waggonladung Bretter dem Sägewerk ein 5-kg-Gratispaket Würfelzucker zu versprechen.

Ich saß damals in Zell am See, und da ich nichts zu tun hatte, versuchte ich, mich in dieses Geschäft einzuschalten. Ich bekam also ein Orderbuch und fuhr ins Krimltal hinein, wo es eine Reihe von Sägewerken gibt. So höflich der Salzburger in seiner Hauptstadt ist, so unhöflich ist er auf dem Lande. Beim dritten Sägewerk, das ich besuchte, war es besonders arg.

„Os mit euerem Zuckerl-Geschäft!" schrie der Besitzer, nachdem er mich widerwillig angehört hatte.

„Schaun's", sagte ich beschwichtigend. „Sie tun leicht so, als hätt' ich Ihnen Vitriol angeboten. Fünf Kilo Würfelzucker, als Draufgabe, sind doch schließlich nicht von der Hand zu weisen..."

„Ich pfeif' auf euren Zucker!" rief er, wieder mit erhobener Stimme.

„Da pfeifen's aber vollkommen falsch, lieber Herr. Sie brauchen ja den Zucker nicht zu nehmen, sondern lediglich einen Waggon Bretter und Pfosten, 24 und 48 Millimeter, abzuschließen..."

„I' mag aber net."

„Es kann Sie auch niemand dazu zwingen. Aber Sie werden einsehen, daß man fragen darf. Mein Beruf ist zu fragen und Sie sind der Geist, der stets verneint."

„Wenn's jetzt nit in aaner Minuten verschwinden, Sie zugroaster Zuckerl-Hamster, g'schiacht a Malheur!"

„Da spricht man immer von der Güte und Gemütlichkeit der Gebirgsmenschen..." sagte ich erbittert.

„Mit Recht!" brüllte er, allerdings schon etwas sanfter. „Aber die ham' wir innerlich, verstehn's?"

„Na, dann ist aber höchste Zeit bei Ihnen, daß Sie sich wenden lassen!" brüllte nun ich meinerseits, denn zu einem Geschäft würde es mit dem Menschen ohnedies nicht kommen.

Es ist überhaupt niemandem zu empfehlen, der seine Ruhe liebt, in das Holzgeschäft einzusteigen. Magengeschwüre ist das Mindeste, was er nach kurzer Zeit bekommt.

DER SPAHI

Unmittelbar nach Kriegsende gehörte der Schwarzwald zur französischen Besatzungszone und die französische Militärregierung führte ein sehr strenges Regiment, das wesentlich härter war, als in der benachbarten amerikanischen Zone, wo es viele Dinge gab, an die man im Schwarzwald noch gar nicht zu denken wagte. Das galt nicht nur für Lebensmittel, sondern auch für notwendige Dinge des Wiederaufbaus, wie Zement, Nägel, Reifen usw. Wer so etwas für seinen Betrieb haben wollte, mußte es im Tauschhandel erwerben. Was gibt es nun im Schwarzwald in rauhen Mengen? Holz, Schnittholz, und trotz der strengen Kontrolle der Franzosen fand nachts manche Fuhre auf versteckten Pfaden ihren Weg in die amerikanische Zone.

Und da will ich Ihnen nun erzählen, was bei einer solchen Gelegenheit meinem Freund, dem Sägewerker Hörz passiert ist. Der hatte zwar schon einige Erfahrung, doch er erschrak trotzdem recht unangenehm, als er mitten im Wald, nicht mehr weit von der Zonengrenze, plötzlich von einer Stablampe angestrahlt wurde und ein marokkanischer Soldat mit wehendem Umhang vor ihm stand:

„Was du hier machen?" fragte er mit rauher, kehliger Stimme. „Legitimation, s'il vous plaît."

Der Hörz zieht also seine Brieftasche heraus, der er seine Kennkarte entnimmt. Der Spahi hält diese zwar verkehrt, sagt aber trotzdem: „Nix gutt", nimmt dem Hörz ganz einfach die Brieftasche aus der Hand und steckt sie, samt dem Geld, das drin war, ein. Dann beginnt er den Hörz zu filzen, zieht ihm die Uhr aus der Westentasche und das Aluminium-Metermaß, welches gewohnheitsmäßig in der rückwärtigen Hosentasche stak. Er weiß zwar damit nichts Rechtes anzufangen, doch weil's so schön glänzt, steckt er es auch ein; sagt aber auf jeden Fall: „Auch nix gutt."

„Das ist sogar sehr gut", meint der Hörz, „das ist ein Zauberstab."

Der Spahi versteht natürlich das Wort „Zauberstab" nicht und sagt streng und mit rollenden Augen: „Du hier warten auf Kommandant", löscht seine Lampe und verschwindet im Dunkel.

Dem Hörz fällt natürlich nicht ein, in der Finsternis auf den französischen Kommandanten zu warten und weil's zur Zonengrenze näher ist als zum heimatlichen Herd, nimmt er seinen Gaul beim Zügel und marschiert unbehelligt zum Ami hinüber. Aber er hat kein gutes Gewissen dabei, denn der Hundianer von einem Spahi hat auch seine Legitimation eingesteckt, so daß man den Hörz leicht wird finden können.

Und richtig, es dauert nicht lange, da bekommt er eine Vorladung zum französischen Kommandanten. Als er hinkommt, sitzen da schon vier seiner Kollegen im Vorzimmer, deren Gesichter gleichfalls keine reine Freude widerspiegeln, denn auch sie haben Holz über die Zonengrenze gepascht.

Der Hörz wurde als erster aufgerufen, und als er ins Zimmer des Kommandanten trat, stand da der Spahi neben einem Sergeanten, und der Hörz bekam ein mulmiges Gefühl in der Magengegend, weil er von Arrest-strafen bis zu sechs Monaten gehört hatte. Doch der Kommandant begrüßte ihn freundlich, bot ihm eine Zigarette an und fragte — auf den Spahi deutend —:

„Kennen Sie diesen Mann?"

Da der Hörz nicht wußte, was für ihn günstiger sei, ja oder nein zu sagen, nickte er nur mit dem Kopf, doch er nickte so, daß er sein „ja" gleich hätte widerrufen können, falls er sich damit in die Nesseln gesetzt haben sollte.

„Gibst du jetzt zu, du Urenkel eines räudigen Scha-kals", fuhr der Kommandant den Spahi an, „diese Brieftasche, in der sich wahrscheinlich allerhand Geld befunden hat, diesem Herrn hier geraubt zu haben?"

Dem Hörz fiel ein Stein vom Herzen und er fiel eifrig ein: „Und meine silberne Uhr samt Kette, sowie meinen Meterstab ..."

„Der hat uns ja auf Ihre Spur gebracht, Herr Hörz", nickte der Kommandant, „denn in dem Meterstab ist der Name Ihrer Firma eingraviert. Alles Schriftliche hat der Kerl ja vernichtet", und er zog aus einer Schreib-tischlade Hörzens Uhr und Metermaß hervor. „Auch das Geld kann ich Ihnen leider nicht zurückgeben ..."

„Ist schon recht", sagte der Hörz und steckte seine Sachen ein.

„Führen Sie den Mann ab, Sergeant", sagte der Kom-mandant. Und nachdem die beiden das Zimmer verlas-sen hatten, wandte sich der Kommandant liebenswürdig dem Hörz zu:

„Herr Hörz, ich konnte Ihnen zwar nicht alles ret-ten, habe Ihnen aber — wie ich glaube — einen Dienst erwiesen, der eines Gegendienstes wert wäre."

„Aber gern", erwiderte dieser, dessen Gesicht freudig aus dem Leim ging.

Der Franzose nahm aus einer Aktentasche ein paar Flaschen französischen Parfüms heraus und sagte: „Sie kommen doch öfter nach Karlsruhe, Herr Hörz, könnten Sie da meinem Schwager — hier ist seine Adresse — nicht einige Fuhren Brennholz zukommen lassen? Und übrigens, ich brauche unbedingt eine Leica. Hier, nehmen Sie dafür das Parfüm." Hörz wußte zwar nicht unbedingt, was er mit dem Parfüm machen sollte, aber auf dem Schwarzen Markt in Frankfurt dürfte es auch seinen Wert haben, und ging erleichtert aus dem Zimmer.

Der Kommandant soll dem Vernehmen nach den Ort als ziemlich begüterter Mann verlassen haben.

WITZE ZUM WEITERERZÄHLEN

Mynherr van Hoven, Holzhändler in Rotterdam, war ein gestrenger Herr, der von seinen Lieferanten wegen seiner Neigung zu Reklamationen gefürchtet war. Es gab kaum eine Lieferung, ob sie nun aus dem Schwarzwald oder aus Schweden, aus Böhmen oder Polen kam, die nicht noch nachträglich wegen Fehler reklamiert wurde. Entweder waren es zu viel Risse oder zu viel Waldkanten, immer bekam der Lieferant ein freundliches, aber bestimmtes Schreiben von Mynherr van Hoven, der sich wunderte, daß so alte Lieferanten so schlechte Ware lieferten. Sehr groß waren allerdings die Reklamationen nie, weil meistens eine Arbitrage gescheut wurde, und man einigte sich dann gewöhnlich auf Nachlässe von 2 bis 5 Prozent. Wenn einmal ein Sägewerker aus dem Schwarzwald ankam, um die Ware zu besichtigen, dann verließ ihn meistens der Mut, wenn er in Mynherr van Hovens alt eingerichtetes Comptoir trat und der alte Herr mit der silbernen Uhrkette sein graues Löwenhaupt schüttelte und sich wieder einmal wunderte, wie man so schlechte Ware liefern konnte.

Ein österreichischer Sägewerker hatte einmal sogenannte sichtbar parallel besäumte Ware geliefert, d. h. in Wirklichkeit waren es geradezu Keile, die man lieferte und die üblicherweise mit dem Bandmaß vermessen wurde, ein geradezu herrliches Objekt für Reklamationen. Auch hier war Mynherr van Hoven sehr korrekt. Kürzere Zeit nach jeder Versendung eines Waggons kam eine handschriftliche Aufstellung über das neue Aufmaß des Mynherrs.

Eines Tages wurde ein Waggon an der Grenze wegen falscher Beladung zurückgewiesen und traf nach einer Woche wieder beim Absender ein. Gleichzeitig lag aber auch schon ein Schreiben von Mynherr van Hoven auf dem Tisch, in dem haarklein aufgezählt wurde, daß das Maß dieses bestimmten Waggons nicht stimme und er ein vollkommen anderes Resultat erzielt habe.

*

Wer meine Geschichte *„Expertisen"* gelesen hat, dem will ich erzählen, daß die besagte Prager Firma eine Produktion in der Slowakei besaß, welche die diversen Aufträge der Zentrale durchzuführen hatte.

So wurde aus der Slowakei laufend Schleifholz an eine oberschlesische Papierfabrik geliefert. Die Fakturierung, die von Prag aus erfolgte, ging folgendermaßen vor sich: Die slowakische Produktion verlud also einen Waggon, schlug zur verladenen Menge einen Raummeter dazu und sandte die Maßliste nach Prag. Dort wurde ein weiterer Raummeter dazugeschlagen und die Faktura abgesandt. Da „Fabrikmaß" vereinbart war, ergaben sich naturgemäß stets Differenzen, die meist so geregelt wurden, daß einer der Prager Herren nach Oberschlesien fuhr und sich mit der Fabrik auf Halbierung der Differenz einigte.

Doch eines schönen Tages riß der Papierfabrik die Geduld und sie wollte — wie vereinbart — nur das ihrerseits ermittelte Fabrikmaß bezahlen. Es wurde daher von Prag aus der Besuch des Herrn G. telegrafisch avisiert. Am nächsten Tag kam die Antwort:

„Wenn Ihr Herr G. kommt, fliegt er verkehrt hinaus."

Diese Depesche bekam der Herr Konsul in die Hand, studierte sie aufmerksam und sagte dann zu seiner Sekretärin:

„Fräulein, drahten Sie zurück: ‚*Warum verkehrt?*'"

✳

EINE FABEL

Eine Kuh, die am Waldrand graste, blieb wiederkäuend vor einer Fichte stehen.

Da sagte die Fichte und schüttelte ihre Zweige: „Geh weiter, Kuh, mir ist deine Ausdünstung unsympatisch."

„Oho!" muhte die Kuh, „warum so stolz? Ich bin schließlich eines der nützlichsten Tiere und erfreue mich allgemeiner Beliebtheit."

„Beliebter wie ich kannst du unmöglich sein", rauschte die Fichte. „Aus meinem Holz bauen die Menschen ihre Häuser, in denen sie wohnen und den Stall, wo sie dich hineinstecken. Sie bauen aus mir Wagen, Schlitten und Schiffe, mit denen sie über Land und See fahren. Sie verarbeiten mich zu Betten, in denen sie liegen und schlafen, zu Truhen, in die sie ihre Wäsche, Kleider und ihr Geld legen. Ja, sogar die Banknoten, die sie über alles schätzen, werden aus meinem Leib gemacht ... Was aber kannst du ins Treffen führen, Kuh? Das bißchen

Milch, Butter, Fleisch und Leder, das sie von dir haben?"

„Du vergißt den Ozon, den ich verbreite ..."

„Haha!" lachte die Fichte, „ich halte mir gerade die Nase zu, denn dein Fladen, den du eben fallen ließest, riecht nicht gerade nach Ozon."

„Nein, den verbreitest du", blökte die Kuh. „Aber was tätest du, wenn ich dich nicht ab und zu düngen würde?"

„Was? Ich hätte es nicht nötig, die Fliegen mit meinen Ästen zu vertreiben", sagte die Fichte stolz und fächelte sich Ozon zu.

Unter dieser Fichte wuchs ein Steinpilz und der sagte zu drei Champignons, die draußen auf der Wiese wuchsen:

„Die Fichte hat ganz recht. Auch ich bin stolz, denn ich wachse nur dort, wo ich will und nicht wo die Menschen es wollen, wie zum Beispiel ihr, Gelichter. Euch kann man auch in einem Kuhstall züchten."

„Stimmt", erwiderten die Champignons, „aber das ist eben unsere politische Überzeugung. Und — merke dir, du Stolzer — wenn es einst keine Stein- oder Herrenpilze mehr geben wird, wird es immer noch Millionen von Champignons geben!"

Da seufzte der Herrenpilz, aber nur kurz, denn die Kuh hatte ihm eben auf den Kopf geschissen und die Champignons bogen sich vor Lachen, so daß man ihre roten Lamellen sehen konnte.

*

Als der Forstmeister Lodengrün in den Himmel kam,
hatte er einiges auszusetzen an der himmlischen Haus-
ordnung. Das eine regte ihn aber am meisten auf: Daß
man ihm für den langen Weg auf der Milchstraße nur
ein Fahrrad zur Verfügung gestellt hatte, während der
Holzhändler Tempelsmann aus Lemberg stolz in einem
Rolls Royce an ihm vorbeifuhr. Der Forstmeister war
darüber außerordentlich empört und beschwerte sich bei
Petrus:

„Wie ist das möglich, daß der Tempelsmann, der
beim Brettervermessen seinen Daumen dazugehalten
hat, der, wenn er Kürzungen nach Gewicht verladen
hatte, sich noch selber dazu setzte, der aus meinem
Wald, wenn er 500 Festmeter Waldstangen gekauft hat,
fünfzehnhundert Meter abfahren ließ, der das Faser-
holz so lange in der Sonne liegen ließ, bis die Fehler
verschwunden waren und der bei der Papierfabrik
jedesmal zehn Prozent mehr berechnete, als er wirklich
lieferte, wie kann denn der in so einem Luxusauto fahren, und ich, der Forstmeister, der den Wald zum Lobe
Gottes hat wachsen lassen, ich muß mit dem Fahrrad
fahren?"

Petrus zuckte nur mit den Achseln: „Da kann ich
nichts machen, das ist Verwandtschaft vom Chef!"

Wenn in einer Gewitternacht im südlichen Schwarzwald mal wieder ein altes Sägewerk oder ein einsamer
Bauernhof abbrannte und dank der guten Versicherung
wieder neu und schöner aufgebaut wurde, sagt man:
„Der Hotzenblitz hat eingeschlagen." Spaßvögel erzählen, daß dies die gebräuchlichste Finanzierungsart der
alemannischen Sägewerker sei und manche glaubten
auch, einen Beweis in der Kriminalstatistik gefunden zu
haben.

Als beim alten Huber-Michel das Sägewerk zum vierten Mal abbrannte und der siebzigjährige Michel im
wahrsten Sinne des Wortes mit Feuereifer bei den
Löscharbeiten mit einer kleinen Handpumpe half,
meinte ein Nachbar:

„Ach Michel, laß, das hat doch keinen Zweck!"

Drauf der alte Huber: „Meinst? I hab' denkt, Benzin
hilft immer?"

*

Als der alte Säge-Huber wieder einmal wegen Brand-
stiftung vor Gericht stand, plädierte der Staatsanwalt
für die Schuld des Angeklagten, trotzdem als einziges
Beweisstück nur ein Feuerzeug neben der Brandstelle
gefunden wurde, das so aussah wie das vom Huber, das
auch viele schon bei ihm gesehen hatten. Der junge Verteidiger verstand es aber mit viel Geschick, darauf hin-
zuweisen, daß dieses Feuerzeug zu Zehntausenden her-
gestellt würde und daß er z.B. selber ein solches hätte.

Schließlich sprach der Richter den Angeklagten frei.
Beim Rausgehen druckste der Huber noch etwas herum.
„Was ist denn?" fragte der Vorsitzende.

„Ja, so, Herr Vorsitzender, i mein … könnt i jetzt vielleicht noch mein Feuerzeug wiederhab'n?"

*

Herr Huber, der in der Nähe von München ein Sägewerk betreibt, ist ein unternehmender Mann und hat seinem Betrieb eine Sarg-Erzeugung angeschlossen, die auch bestens floriert.

Eines Tages kommt ein Herr mit Monokel zu ihm und möchte einen Sarg kaufen: „Aber einen Metall-Sarg, bitte."

„Führen wir leider nicht", sagt Herr Huber, „wir erzeugen nur Holzsärge."

„Ich möchte aber einen Metallsarg", näselte der Interessent. „In unserer Familiengruft sind nur Metallsärge, weil sie ja viel länger halten."

„Das ist schon richtig", replizierte Herr Huber, „aber ein Holzsarg ist halt viel gesünder!"

Wie schon berichtet, der Wiener Holzhändler Baldauf ist ein überaus strenger Chef.

Eines Tages kommt sein Buchhalter atemlos um halb zehn Uhr ins Büro und stottert:

„Entschuldigen Sie mein Zuspätkommen, Herr Chef, aber ich hab' heute verschlafen."

„Was, daheim schlafen Sie auch noch?" fragt Herr Baldauf erstaunt.

Der wissensdurstige Förster Wacholder wollte nächstens auch das Naturhistorische Museum besuchen und fragte, am Wiener Südbahnhof angekommen, einen dort herumstehenden Wiener, der sich umständlich seine Virginia-Zigarre anzündete:

„Können's mir bitte sagen, wie ich auf schnellstem Wege in's Naturhistorische Museum komme?"

„Indem Sie sich ausstopfen lassen, werter Herr!" erwiderte der Wiener, dessen Zigarre partout nicht brennen wollte.

Der Förster Wacholder besuchte in Wien das Kunsthistorische Museum, wo ihn — als Sonntagsmaler — besonders das Bild „Madonna im Grünen" von Raffael interessiert. Er fragte also einen böhmakelnden Museumsdiener (sowas gibt es noch in Wien) nach diesem Bild.

„Dritter Saal pittscheen links", lautet die Auskunft. Da ihm der Förster für diese Auskunft ein Trinkgeld in die Hand drückte, verpflichtete er diesen zu noch größerer Höflichkeit, und als Wacholder später das Museum verließ, verabschiedete sich der Saaldiener von ihm mit einer Reihe von Bücklingen und fragte jovial:

„Waren zufrieden — pittäh — mit Herrn von Raffael?"

Der Förster Wacholder hat auch ab und zu in der Stadt zu tun und geht immer ins gleiche Restaurant essen, obwohl er sich nachträglich stets über die kleinen Portionen, die es dort gibt und von denen kein Mensch satt werden kann, aufregen muß.

Als diesmal der Ober, der seine Pappenheimer kennt, kommt und fragt: „Na, wie fanden Sie heute das Schnitzel, Herr Förster?" erwidert dieser sarkastisch:

„Wie? Nachdem ich das Gemüse und die Kartoffeln zur Seite geschoben habe!"

*

Der Förster Wacholder hält nicht viel von Ärzten und Medikamenten. Ist man verkühlt, hilft ein steifer Grog mit Zitrone. Hat man einen verdorbenen Magen, kann man die Zitrone weglassen.

Doch diesmal hat der Förster Kopfschmerzen, rasende Kopfschmerzen und so sucht er — auf den Rat seiner Frau hin — einen Arzt auf.

„Dem werden wir schon beikommen", sagt der Arzt. „Ich werde Ihnen Zäpfchen verschreiben und längstens nach dem zweiten Zäpfchen hören die Schmerzen garantiert auf."

Am nächsten Tag ist der Förster schon wieder beim Arzt: „Herr Doktor, ich hab vier genommen und die Schmerzen sind die gleichen!"

Der Arzt stutzt: „Wie haben Sie's denn genommen? Haben Sie die Zäpfchen am Ende geschluckt?"

„No-na", sagt der Förster, „hinten hineinschieben werd' ich sie mir."

Mnemotechnik. Der Förster Wacholder hat Besuch seines zwölfjährigen Neffen und den nimmt er nach Wien mit, um ihm die Sehenswürdigkeiten der alten Kaiserstadt zu zeigen. Er charterte einen Fiaker (Pferdedroschke) und sie zuckelten den Ring entlang, wo eindrucksvolle Denkmäler und Gebäude zu sehen sind.

„Das hier", belehrte er den Buben, „ist der Schiller und das der Goethe."

„Und wer ist das?" fragt der Bub nach einer Weile.

„Das ist zur Abwechslung ein österreichischer Dichter, aber — hol's der Teufel — sein Name ist mir entfallen. Aber mit meiner Mnemotechnik-Methode wird es mir schon einfallen ... Es ist ein Doppelwort — soviel weiß ich — und der erste Teil — richtig! Der erste Teil ist ein Vogel und der zweite ... halt! der zweite Teil ist eine Waffe."

Der Bub springt leichtfüßig aus der Kalesche, eilt zum Denkmal hin und kommt wieder flugs zurück: „Grillpanzer heißt er, Onkel", und hüpft in das langsam fahrende Gefährt.

„Siehst du, siehst du, meine Mnemotechnik!" brüstet sich der Förster.

„Wieso?" fragt der Bub, „Grill ist doch kein Vogel und ..."

164

„Panzer auch keine Waffe", ergänzt sein Onkel.

„Der Dichter heißt aber Grillparzer, nicht -panzer"
sagt der Kutscher vom Bock her.

„Als ob das schon eine Rolle spielen würde, wie so
ein armer Schreiberling heißt", meint Förster Wacholder geringschätzig, „aber meine Mnemotechnik, verstehst du? Da kannst dir was abschauen von mir, mein
lieber Bua!"

✳

Der Förster Wacholder besucht in der Stadt seinen
alten Schulfreund Flieder und findet ihn, auf den Knien
den Korridor schrubbend, vor.

„Mich geht's ja nix an, alter Freund", sagt der Förster. „Aber sowas tät mir nicht im Traum einfallen."

„Glaubst du, mir ist es eingefallen?" seufzt sein
Gegenüber. „Die Idee stammt von meiner Frau."

✳

Der Förster Wacholder, der ein Revier am Semmering
bei Wien betreut, hat seine liebe Not mit den vielen
Ausflüglern, die sich — besonders an Sonn- und Feiertagen — in seinem gepflegten Forst niederlassen oder
gar ein Feuerl anzünden, an dem sie sich ein Beefsteak
grillen. Und da nützen alle Warnungs- und Verbots-
tafeln nichts. Sein Chef kommt schließlich auf die Idee,
an Sonn- und Feiertagen organisierte Ausflüge in seinen
Wald zusammenzustellen, die unter der Obhut des För-
sters zu einer Waldwiese führen sollten, wo sich die
Leute nach Herzenslust austoben konnten — allerdings
unter Aufsicht — und das hatte den Vorteil, daß ein

Waldbrand verhütet wurde und die Sache außerdem noch Geld einbrachte.

Der Förster Wacholder allerdings wünschte diesem Unternehmen die Pest auf den Hals, und wenn er abends im Gasthaus erzählte, was ihm da alles so untergekommen sei, dann bogen sich oft die lauschenden Honoratioren vor Lachen.

„Herr Förster, Herr Förster", fragt da ein Backfisch mit naivem Augenaufschlag: „Sind die Blaubeeren auch wirklich blau?"

„Natürlich, mein kleines Fräulein. Wie denn sollen sie sonst sein?"

„Aber diese hier sind doch rot."

„Schon. Aber das kommt davon, daß sie noch grün sind", belehrte sie der Förster.

Ein andermal fragt ein zehnjähriger Lauser: „Herr Förster, haben die Brombeeren Füße?"

„Kaum", sagt Wacholder. „Wie kommst du denn darauf?"

„Och, dann war es wohl eine Baumwanze, die ich gegessen hab", meint der Junge unbekümmert und läuft weiter.

Ein rundlicher Herr beklagt den Verlust seiner Brieftasche, in der tausend Schillinge drin waren.

„Schon in allen Taschen nachgesehen?" fragt ihn Wacholder.

„Jawohl", nickt der andere bekümmert, „nur in einer nicht."

„Warum denn nicht?"

„Wissen S, Herr Förster", meint der Verlierer düster, „wenn sie da auch nicht drin ist, trifft mich garantiert der Schlag."

166

Dieser Witz hat eigentlich schon einen mächtigen Bart, denn er stammt noch aus dem alten Galizien, als dieser Teil des heutigen Polens noch zur österreichisch-ungarischen Monarchie gehörte.

Dort lebte in Zalezczyky, an der Bahnstrecke Krakau — Lemberg, ein alter Holzhändler, der Pferde und Wagen besaß und der Eisenbahn mißtraute. Doch eines Tages mußte er wegen eines Inkasso nach Krakau fahren und einen derart weiten Weg konnte er seinem Loschek (Pferd) nicht zumuten.

Er setzte sich also in ein Abteil eines Eisenbahnzuges, sieht sich all die Dinge ringsum mißtrauisch an und fragt schließlich einen Herrn, der Zeitung lesend ihm gegenüber sitzt:

„Darf ich fragen, der Herr, wo Sie hinfahren?"

„Ich fahr nach Lemberg", gibt dieser Auskunft und liest weiter.

Eine Weile schüttelt der alte Holzhändler überwältigt den Kopf, dann sagt er bewundernd: „Is' doch e wunderbare Einrichtung, so a Eisenbahn. Sie sitzen a so und fahr'n nach Lemberg, und ich sitz a so und fahr nach Krakau!"

*

Der vorhin erwähnte alte Holzhändler aus Zalezczyky hat auch einmal in Sadagora zu tun gehabt, ein Ort an der Grenze der Bukowina, der wegen seiner raffinierten Pferdediebe berühmt war.

„Weißte was, Jossele", sagt der alte Herr zu seinem Kutscher. „Wir werden in Sadagora nicht im Gasthaus schlafen, sondern wir werden im Wagen übernachten.

Du wirst den Loschek gar nicht ausspannen, sondern am Bock sitzen und aufpassen, daß uns das Pferd nicht gestohlen wird.«

Gesagt, getan.

Um Mitternacht wacht der Holzhändler, der rückwärts im Fond sitzt, auf und fragt:

»Jossele, schloifst du?«

»Nein«, antwortet der Kutscher, »ich sitz' da und klär'.«

»Worüber klärstde, Jossele?«

»Ich klär darüber nach: wohin kümmt das Holz as man einschlagt e Nagel in a Brett.«

»Sehr gut«, sagt der Holzhändler und schläft wieder ein.

Um ein Uhr erwacht er wieder und fragt: »Jossele, schloifst du?«

»Nein«, sagt dieser, »ich klär gerade darüber nach, wohin kimmt das Wachs von einer Kerze, as sie wird angezündet.«

»Sehr gut«, sagt der alte Herr und wacht nach einer Stunde erneut auf: »Jossele, schloifst du?« fragt er.

»Nein, ich klär.«

»Worüber klärstde jetzt, Jossele?«

»Ich klär darüber, wohin is' gekimmen unser Loschek, wo ich gesehen hab' kan Dieb und auch gehört hab ka Geräusch?«

*

168

Der alte Holzhändler aus Zalezczyky, von dem ich Ihnen schon erzählt habe, war ein überaus sparsamer Mann. Manche Leute sagen von ihm: „So ein Schnorrer!" aber sie meinten es nur dann abfällig, wenn ihre eigene Tasche dabei in Mitleidenschaft gezogen wurde. Ansonsten hatten sie nichts gegen Sparsamkeit, denn in der damaligen ruhigen Zeit konnte man es auch durch Sparsamkeit noch zu etwas bringen. Aber das ist — wie gesagt — schon recht lange her.

Diese Eigenschaft des Familien-Oberhauptes teilte sich der ganzen Umgebung mit, und wenn sein jüngster Sohn, ein ausgesprochener Prasser, sich eine Kleinigkeit zum Lesen wünschte, dann gab ihm sein Vater eine Briefmarke; eine gestempelte natürlich!

Der alte Holzhändler fuhr nun eines schönes Tages mit seinem Loschek (Pferd) über Land. Auf dem Heimweg — sie waren nicht mehr weit von Zalezczyky — sah der Loschek mitten auf dem Weg ein Geldstück blinken; ein halber Zloty war's. Das Pferd setzte rasch seinen linken Vorderhuf darauf und blieb eisern stehen.

Alles Zureden und Zerren beim Zügel blieb erfolglos. Das Pferd rührte sich nicht vom Fleck. Und die Peitsche? Man wird doch nicht ein Pferd schlagen, das einem zehn Jahre lang treu gedient hat?

Also macht sich der alte Mann auf den Weg hinunter ins Dorf und zerbrach sich unterwegs den Kopf, welcher Scheitan in seinen Loschek gefahren sein mochte.

Und der Loschek wartete, bis sein Herr hinter der ersten Biegung verschwunden war, dann bückte er sich, nahm mit den Zähnen das Geldstück hoch und trabte — hui — zurück in die Stadt, wo er sich beim Futterhändler (der ihn gut kannte) leckeren Hafer kaufte, den er so selten bekam.

❊

Einem Enkel des alten Holzhändlers aus Zalezczyky gefiel Europa nicht mehr. Es hatte sich darin auch allerhand verändert und nicht gerade zum Besten. Er beschloß also, nach Israel auszuwandern.

Gesagt, getan.

Und nachdem er 14 Tage lang Land und Leute und die sich bietenden Existenzmöglichkeiten studiert hatte, setzte er sich in Tel Aviv in ein Caféhaus und begann zu klären:

„Wenn uns die Herren Engländer schon ein Land geschenkt haben, das nebbich nix ihnen gehört hat, — warum nicht gleich die Schweiz?"

❊

Als die Russen nach der Brusilow-Offensive des Jahres 1915 bis in die Karpaten vorgedrungen waren, flüchteten viele galizische Juden nach Wien, wo sie sich um den Nordbahnhof herum ansiedelten. Eine Anzahl dieser Flüchtlinge blieb auch nach dem Krieg in Wien, wurde dort eingeheimatet und somit österreichische Staatsbürger. Allerdings blieben die meisten ihrer orthodoxen Kleidung, dem langen, schwarzen Kaftan, dem schwarzen Rundhut, unter dem die Pajes (geringelte Löckchen, die rechts und links von jedem Ohr herunterbaumelten) hervorschauten, treu. Die Wiener hatten sich an den Anblick ihrer Neubürger bald gewöhnt, doch in der Schweiz, wo Sami Blau geschäftlich zu tun hatte, weil ihm ein Waggon Bretter beanstandet worden war, war diese Tracht unbekannt und erregte Aufsehen, so daß ihm die Kinder nachliefen.

Eine Weile sagte Sami Blau nichts. Dann aber drehte er sich indigniert um und fragte: „Nu, was ist? Noch kan Österreicher gesehen?"

Im alten Galizien kommt einmal der Holzhändler Grünfeld zum Rabbi und sagt:

„Rebbeleben, ich brauch von Eich zu bederfen a Ezze" (Ratschlag).

„Nu, erzählt", sagt jener.

„Vor drei Tagen is' einer zu mir gekümmen und hat sich am Lager ausgesucht e paar Brettln für sein' Hühnerstall. Die Rechnung hat gemacht finefzig Zloty und er hat gezahlt mit einer 100-Zloty-Banknote. Ich hab ihm herausgegeben — doch das hab ich erst am Abend bemerkt — e 20-Zloty-Banknote statt einer for finefzig. Man kann das leicht verwechseln und auch der Kunde hat nix bemerkt ..."

„No, und ...?"

„Dann hab ich drei Tag' gewartet, ob er zurück kümmt und will haben seine 30 Zloty. Er is' aber nix gekümmen, so daß ich derf annehmen, er hat nebbich nix bemerkt ..."

„Scheen. Und was wilste wissen?"

„Und jetzt mecht ich von Eich wissen, Rebbeleben, ob ich kann behalten die 30 Zloty oder ob ich sie muß teilen mit mein' Kompagnon?"

*

Der Wiener Platzholzhändler Baldauf ist als strenger Chef bekannt. Der läßt eines schönen Tages seinen Lehrling rufen und sagt zu ihm:

„Paß' auf, Fritzl. Wir haben der Tischlerei Blau & Co. im zweiten Bezirk vor sieben Monaten Bretter geliefert, die der Schmarotzer bis heute noch nicht bezahlt hat. Hier hast du die Rechnung, setz' dich in die Elektrische (Straßenbahn) und geh' dem Kerl nicht von der Falten, bis er bezahlt hat. Hast du das verstanden?"

„Jawohl, Herr Chef."

„Notfalls mußt du in seiner Tischlerei übernachten. Es wird daher gut sein, wenn du dir ein Nachthemd und ein Zahnbürstel mitnimmst. So, und jetzt hau' ab."

Nach drei Stunden kommt der Lehrling mit betrübtem Gesicht zurück.

„Du bist schon da?" ruft Herr Baldauf erfreut. „Wo hast du das Geld?"

„Bittschön, ich hab keines bekommen", stottert der Lehrling kleinlaut.

„Was heißt, du hast keines bekommen? Ich hab dir doch gesagt . . ."

„Schaun Sie, Herr Chef", fällt der Bub aufgeregt ein. „Erstens ist der alte Blau gestern gestorben . . ."

„Und zweitens . . .?" fragt Herr Baldauf streng.

Ein Sägewerker war über seinen Lehrling erbost, der mit dem Büromaterial recht großzügig umging und nicht so sparsam, wie sich das für einen Sägewerksbetrieb eigentlich gehörte. Der Chef gab deswegen diesem Luftikus als Sonderaufgabe auf, seinen nächsten Bericht in sein Lehrheft über die Sparsamkeit im Betrieb zu schreiben. Der Lehrling setzte sich an die Arbeit und schrieb:

„Ich könnte sehr viel über die Sparsamkeit schreiben, doch ich will Tinte und Papier sparen und schließe deshalb hiermit meinen Bericht."

Seitdem der Triester Holzmakler L. Sassino in Ghana war, um dort Exoten einzukaufen oder zumindest zu besichtigen und beinahe um's Leben gekommen wäre, weil man ihn für einen belgischen Spion gehalten hatte, wird er nicht müde, seine abenteuerlichen Erlebnisse zu erzählen. Bei einer dieser Erzählungen war ich anwesend, das heißt, ich kam gerade zum Ende zurecht.

„Gerettet hat mich", erzählte L. Sassino, „um bei der Wahrheit zu bleiben, die Lieblingsfrau des Sultans und hat mich auf ein Schiff bringen lassen, das gerade ausgelaufen und ins südliche Eismeer gefahren ist, um Lebertran und ähnliche Artikel gegen Kokosnüsse einzutauschen. Doch wir hatten Pech. Das Wetter hat plötzlich umgeschlagen, ein eisig kalter Wind hat dahergeweht — was sag ich Wind? — ein Blizzard von 120 Stundenkilometern war's und hat eine Eisscholle nach der anderen herangeweht. An so eine Eisscholle sind wir angestoßen und ich bin über Bord geflogen, ohne daß es jemand bemerkt hätte. Furchtbar, sag ich Ihnen! Und wie ich da so steh, auf der Eisscholle und um Hilfe schrei', kommt dahergetrieben, gerade auf mich zu, eine Eisscholle mit einem großen Eisbären drauf. Und wie ich mich umdreh', kommt von hinten noch eine Eisscholle mit zwei Eisbären drauf. Und von rechts und links ebenfalls!"

„Was haben Sie denn da gemacht?" fragte ein Zuhörer und gießt noch ein Sackl Zucker in seinen Kaffee.

„Was ich gemacht hab? Sie hätten sehen sollen, wie rasch ich auf der Palme oben war ..."

„Wieso Palme?" fragt der andere skeptisch. „Palme auf einer Eisscholle?" und er schüttelt ungläubig seinen Kopf.

„Na, was denn hätt' ich tun sollen?" fragt Signor L. Sassino gekränkt.

*

Die initiative Kärntner Handelskammer arrangierte nach dem Krieg monatliche Zusammenkünfte der Kärntner Holzwürmer, damit der Austausch der Erfahrungen — man stand schließlich vor einem neuen Anfang — allen zugute käme.

Die Idee war nicht schlecht und die Handelskammer konnte nichts dafür, daß sich immer wieder die gleichen drei Männer zu Wort meldeten und ihre Erfahrungen — teils auf dem Gebiet der Kompensationsgeschäfte, teils auf dem des beginnenden Exportes via Triest X dem lauschenden Fußvolk zukommen ließen. Da war nun einer darunter — ich habe seinen Namen vergessen, doch er hieß so ähnlich wie Münchhausen — der die tollsten Dinge zu berichten wußte, Dinge, die selbst den G'scherten (naive Landbewohner) unter den Zuhörern spanisch vorkamen. Und da stand eines Tages einer dieser G'scherten auf — nach einer Rede des Münchhausen, worin dieser ausführte, sie könnten den doppelten Preis erzielen, wenn sie ein Charter-Schiff mit Schnittholz beladen nach Kuwait schicken und das Holz dort kleinweis verkaufen würen — und begann folgende Rede:

„Meine Herren! Das ist noch gar nichts. Da bin ich kürzlich über meinen Bretterplatz gegangen und plötzlich hör' ich ein feines Stimmchen: ‚Nimm mich mit' rufen. Ich schau und schau und da seh ich im Gras ein kleines, gelbes Froscherl und das quakt wieder: ‚Ich bin eine verzauberte Prinzessin. Wenn du mich in dein Bett

176

mitnimmst, bekomm ich meine frühere Gestalt wieder. Nimm mich mit und hilf mir!' Da hab ich halt das kleine Froscherl aufgenommen und in mein Bett gelegt. Und richtig ist ein wunderhübsches Mäderl draus geworden."

„Das gibt's ja gar nicht", rufen einige lachend, „erzähl uns keine Märchen!"

„Es ist ein Jammer, daß mir selbst hier niemand glaubt", nickt der Berichter mit bekümmertem Gesicht. „Auch meine Frau hat mir die Geschichte nicht geglaubt."

Beim Sägewerker Huber ist ein neuer Lehrling einge-
treten. Es ist ein heißer Tag und der Chef schwitzt beim
Brettervermessen. Er gibt dem neuen Lehrling eine
Mark und sagt:

„Hier, Fritz, geh rüber in die Wirtschaft und kauf'
mir eine Flasche Bier. Und hier ist noch eine Mark, dafür kannst du dir eine Flasche Limonade kaufen oder
was du sonst willst."

Der Lehrling kommt nach 10 Minuten wieder mit
einer fast leeren Bierflasche in der Hand: „Hier ist Ihre
Mark zurück, Chef, dieser Saftladen da drüben hatte
nur noch eine Flasche Bier da!"

*

Ein Forstmeister, ein Viehhändler und ein Holzhändler waren gestorben und standen vor der Himmelstüre.
Petrus musterte sie aufmerksam und fragte:

„Hat einer von euch schon einmal gelogen?" — Ver-
legenes Schweigen.

Der Forstmeister meinte: „Nur wenig."

Der Holzhändler und der Viehhändler zuckten nur
mit den Achseln.

Darauf Petrus: „Das kann man ja überprüfen. Wir
haben hier unseren Lügensumpf, für jede Lüge, die im
Leben ausgesprochen wurde, sinkt man ein kleines bis-
chen ein."

Der Forstmeister nahm sich zuerst ein Herz und fing
an, den Sumpf zu durchwaten; zwar versank er bis zum
Bauch im Sumpf, es gelang ihm aber doch mit einiger
Mühe, wohlbehalten das andere Ufer zu erreichen, wenn
auch seine schöne Uniform reichlich mitgenommen war.

Als er zurückschaute, sah er, wie der Holzhändler leicht über den Sumpf hinwegschwebte. Der Forstmeister war entsetzt: „Was, hast du mich denn nie angelogen, hast du denn immer nur die Wahrheit gesagt?" „Pst — Pst" machte der Holzhändler und legte den Finger auf den Mund: „Ich stehe auf dem Kopf vom Viehhändler!"

Da fällt mir auch die Geschichte von den beiden Brüdern Morawetz ein, die in Budweis einen Holzbetrieb hatten, in dem sie Lärchen-Parketten erzeugten. Beide waren Junggesellen und hatten eine gemeinsame Wohnung, deren linker Teil dem Jakob und der rechte dem Jaromir gehörte. Gemeinsam benützt wurde aber nur das Frühstücks-Zimmer, in das ihnen pünktlich um 7 Uhr morgens eine Nachbarsfrau das Frühstück brachte.

Jakob, der Ältere, kam nun eines schönen Tages zu einem Bauern und fragte, ob er ihm ein Pferd verkaufen könne.

„Gern", sagte der Bauer und sie wurden über einen alten Schimmel handelseinig, den der Bauer für 1000 Kronen hergeben würde.

„Schön", sagte Jakob Morawetz, „und was würde es kosten, wenn Sie den Schimmel heute abend in die Stadt bringen und in meiner Wohnung, in der Badewanne schlachten würden?"

Der Bauer schaut ihn nachdenklich von der Seite an, kratzt sich den Kopf und sagt schließlich: „Das würde

weitere 300 Kronen kosten. Aber, sagen Sie mir, Herr Morawetz, wozu kaufen Sie ein Pferd, wenn Sie es nachher schlachten? Sie sind doch kein Roßfleischhauer?"

„Das will ich Ihnen genau erklären", erwidert der Jakob Morawetz. „Ich teile meine Wohnung mit meinem Bruder Jaromir. Und der kommt jeden Tag morgens in unser gemeinsames Frühstücks-Zimmer, patscht mir auf die Schulter und fragt: ‚Was gibt's Neues, altes Haus?' Und sehen Sie, morgen kann ich ihm sagen: ‚In der Badewanne liegt ein totes Pferd!'"

*

Diese Geschichte soll sich tatsächlich ereignet haben. Die beiden Wiener Holzhändler — nennen wir sie Grün und Blau — sind die ärgsten Konkurrenten, denn sie beziehen beide ihr Holz von einem großen Sägewerk, das einem Stift (geistlicher Orden) gehört und der Pater Waldmeister, der auch den Verkauf des Schnittholzes unter sich hat, ist so ein komischer Mensch, der keine Geschenke annimmt — nicht einmal Zigarren — sondern dem sein Holz verkauft, der am meisten bietet. Und das ist eine verdammt unangenehme Sache, weil man nie weiß, wieviel der andere geboten hat. Und glauben Sie, er würde es einem sagen? Nein, er sitzt da wie ein Pagode, raucht seine eigenen, schlechten Zigarren und wartet. Der Mann hätte Buddhist werden und zum Dalai-Lama übersiedeln sollen.

Nun, also eines schönen Tages will der Grün am Wiener Südbahnhof gerade in den Zug einsteigen, da kommt der Blau dahergekeucht und steigt ausgerechnet in den gleichen Waggon ein. Und wie er den Blau sieht, begrüßt er ihn freundlich und fragt:

„Wo fahren S denn hin, Herr Blau?"

„Nach Graz", knurrt dieser.

„Ausgezeichnet!" strahlt Herr Grün, „ich fahr' nämlich auch nach Graz. Da können wir zusammen fahren."

Herr Blau ist anderer Ansicht und sagt abweisend: „Zusammengefahren bin ich schon, wie ich Sie gesehen habe."

Der Briefträger Thomas hat kein leichtes Leben, denn er muß die Post bei jedem Wetter zu den abgelegenen Bergbauern austragen und ganz ins hinterste Liesertal, zur Gruber-Säge. Im Sommer geht's ja noch an, da hat er ein Fahrrad, das man nur bergauf zu schieben braucht. Doch im Winter muß er seine Brettln anschnallen und die Ski-Stöcke in die Hände nehmen. Und die schwere Tasche mit den Briefen, auch wenn sie am Rükken angeschnallt wird, zieht entweder nach rechts oder nach links ... Also — kurzum — der Thomas hat kein leichtes Leben, bei Gott nicht!

Und darüber beklagt er sich beim Sägewerker Gruber und dessen Frau.

„Sei stad, alter Raunzer", sagt der Gruber ungerührt, „wie oft kommst schon zu mir? Und so oft du kommst, kriegst a Jausen und ein Glasl Enzian und in der Kuchl (Küche) darfst di' aufwärmen. Wenn du also so weiterraunzen tust — meiner Seel' — dann abonnier' ich mir noch eine Tageszeitung!"

Daß Arbeit in freier Luft einen gewaltigen Appetit macht, ist bekannt, und daß die Holzknechte in der Vertilgung von Lebensmitteln Weltrekorde brechen, ist ebenfalls eine Tatsache.

Einmal unterhielten sich bei einem Skatabend zwei Forstmeister über den gewaltigen Appetit ihrer Holzhauer, wobei der Forstmeister Lodengrün behauptete, sein Holzknecht Alois würde hintereinander sieben Laib Brot und drei Pfund Speck und dazu noch zwei Dutzend Würste vertilgen. Als er keinen Glauben fand, wurde eine Wette um eine ganze Kiste Sekt abgeschlossen.

Als die Probe zum Exempel kam, fraß der gute Alois auch hintereinander ein, zwei, drei, vier Laib Brot und ein Dutzend Würste. Als er jedoch das fünfte Brot zur Hälfte fertig hatte, fing er an zu würgen und nach dem sechsten Laib mußte er aufgeben.

Lodengrün war wütend und stellte seinen Revierförster Wacholder zur Rede: „Wie könnt ihr mich nur so blamieren!"

Der gute Wacholder zuckte mit den Achseln und meinte: „Ja, ich weiß a nit, was der Alois hot, grad heut mittag hab'n wir noch geprobt, und da hot er alles geschafft!"

Auf einer Schwarzwälder Gebirgsstraße muß eine lange Autokolonne hinter einem 30 Meter langen Langholz-Fahrzeug zurückbleiben. Es kommt Kurve auf Kurve und nie gibt es eine Überholmöglichkeit. Schließlich prescht ein Berliner Porsche-Fahrer trotz entgegenkommenden Verkehrs vorbei, stellt sich vor den Langholzwagen und schreit: „Männeken, Sie sind ja wohl janz von Jott verlassen! Können Sie Ihre Stämme nicht zersäjen?" Darauf die Antwort: „Nö, das geht nicht, wir machen daraus Zahnstocher für die Berliner!"

*

Bei einer Hochzeit im Schwarzwälder Sägewerk kommt die alte Mutter des Sägewerkers neben den Pfarrer zu sitzen. Sie weiß nicht, wie sie einem so feinen Herrn zuprosten soll. Schließlich faßt sie sich ein Herz und ruft:
„Halleluja, Herr Pfarrer!"

Ein Holzfäller war beim Fällen einer großen Tanne ums Leben gekommen. Ein halbes Jahr nach der Beerdigung besuchte seine Witwe die Frau eines Kollegen. Auf die Frage, wie es ihr gehe, antwortete sie:

„Oh, ganz gut. Ich habe jetzt 50 000 Mark von der Unfallversicherung bekommen."

„Was? 50 000 Mark? — und mein Mann, der Depp, ist auf die Seite gesprungen!"

Ein Holzwurm schaut am Abend aus seinem Bohrloch heraus und betrachtet die Gegend. Dabei sieht er direkt neben sich einen anderen Holzwurm herausschauen.

„Guten Abend, mein Herr!"

Der andere rührt sich nicht. — „Guten Abend!" — Wieder keine Antwort. „Haben Sie nicht gehört, daß ich Sie gegrüßt habe, Sie Schnösel?" „Du Idiot, ich bin doch dein Hinterteil!"

In einer Brüsseler Fachzeitung erschien vor einiger
Zeit eine Anzeige mit folgendem Text:
Liefere Holzwürmer für Möbel, denen der richtige
Stammbaum fehlt. Eilzuschriften unter Kennwort
„Louis Seize".

*

Welchen Unterschied gibt es zwischen einem Gruben-
holz-Übernehmer und dem Grubenholz?
Grubenholz arbeitet immer.

Es gibt auch heute noch reiche Holzhändler. Das sind
jene, die schon vor hundert Jahren reich und so klug
waren, ihr Geld in Sachwerten anzulegen, so daß sie
noch heute Häuser, Grund- und Waldbesitz haben, und
speziell der Wald ist eine Sparkasse, die reichlich mehr
Zinsen trägt, als die beste Staatsanleihe. Doch Geld
verdirbt — wie man so hört — die guten Sitten.
Da kommt also der junge Galli, der Sohn vom rei-

chen Holzhändler, Wald- und Schloßbesitzer, A. P.
Galli, zur Commerzbank und verlangt beim Schalter
barsch ein Scheckbuch: „Aber rasch, Sie Vollidiot", fügt
er hinzu.

Der Bankbeamte ist schockiert und gekränkt, sucht
die Kundenkarte heraus und geht mit derselben zum
Direktor.

„Muß ich mir das gefallen lassen, Herr Direktor? Der
Mann hat mich Vollidiot genannt!"

„Hat er ein Konto bei uns?"

„Ja."

„Wieviel hat er drauf."

„Zwei Millionen."

„Geben Sie ihm sofort ein Scheckheft, Sie Vollidiot!"

*

Der Sohn eines Holzhändlers fragte einmal seinen
Vater:

„Papa, was ist ein Snob?"

„Das ist ein Mann, der nicht mit Brettern handelt,
sondern ein Brett vor dem Kopf trägt, aber das Brett
muß aus Jacaranda sein."

Der Sägewerker Niedermoser ist bekannt dafür, daß
er nicht aus seiner Ruhe zu bringen ist. Er hat kürzlich
geheiratet und — wie dies meist zu sein pflegt — mit
seinen 40 Jahren ein ganz junges Dirndl genommen.

Der kommt also eines schönen Tages überraschend
vom Blochmessen heim und findet seine junge Frau ganz
nackt mitten im Schlafzimmer stehen.

„Ja, was ist denn los, Fannerl?" fragt er ganz verwundert, „seit wann rennst du bei hellichtem Tag
nackig in der Wohnung herum?"

„Weil ich nix G'scheites zum Anziehen hab", sagt
sein Weiberl resolut.

„Was?" ereifert sich der Niedermoser, „du hast nix
G'scheites zum Anziehen? Da schau her!" ruft er, eilt
zum Kleiderschrank, reißt dessen beide Türen auf und
beginnt darin die in Reih und Glied aufgehängten Kleider zu zählen:

„Eins, zwei, drei, vier — Servus Rudi — fünf,
sechs ..."

188

Zum Begräbnis des Bankdirektors Prozentig kamen auch die Sägewerker der ganzen Umgebung und einige brachten sogar Kränze mit, auf deren Schleifen in Goldbuchstaben fromme Wünsche für die Ewigkeit glänzten. Auch der Gruber und sein Nachbar, der Niedermoser, waren gekommen und lauschten mit ernsten Gesichtern den vielen Grabreden, die da gehalten wurden.

Auf dem Heimweg, das heißt auf dem Weg ins Gasthaus — denn der Verstorbene hatte einen Umtrunk reichlich verdient — sagte der Gruber:

„Weißt, Niedermoser, eins versteh' ich nicht."

„Was denn?"

„Daß man einen solchen Menschen, der doch wer war und sicher auch kein armer Teufel gewesen ist, in einem Massengrab beisetzt."

„Wieso Massengrab?"

„Na, du hast es doch selbst am Grabstein gelesen: ‚Mit ihm wurde ein edler Mensch, ein hervorragender Finanzmann und ein vorbildlicher Familienvater begraben.' Das allein sind schon drei."

Wenn man das halbe Leben in der Einschicht verbringen muß, kann es vorkommen — und man kann es auch niemandem übel nehmen — daß sich so eine Totenfeier im Gasthaus in die Länge zieht und der Gruber und der Niedermoser sich auch noch am nächsten Tag im Gasthaus trafen und sich bei einem kleinen Gulasch und einem Glas Bier einträchtig wiederfanden.

„Also weißt, Niedermoser", sagt der Gruber kauend, „so besoffen wie gestern dürfte man eigentlich gar net sein. Weißt du, alter Spezi, daß du mir gestern das Odeon verkauft hast?"

„Hab ich das?" grinst der Niedermoser, „aber was ist da schon dabei?"

„Normalerweise net viel", nickt der Gruber. „Aber ich Trottel hab's gekauft."

Bei einer anderen Gelegenheit — und Gelegenheiten finden sich immer wieder — sitzen die beiden wieder im Gasthaus und der Gruber stützt seinen Kopf sorgenvoll in die Hände und seufzt:

„Weißt, was ich mir wünschen tät, Niedermoser?"

„Indem, daß ich kein Hellseher bin, weiß ich das nicht", sagt der Niedermoser auf Hochdeutsch.

„Ich wollt', ich wär ein Hund!" sagt der Gruber mit hohler Grabesstimme.

„Aber, ich bitt' dich, warum denn?"

„Weil dann ein anderer die Steuer für mich zahlen tät!"

*

„Wie hast du denn geschlafen?" erkundigt sich der Niedermoser bei seinem Freund Gruber, nachdem beide wieder einmal in der Stadt im Hotel übernachtet haben.

„Schlecht", seufzt der Gruber, „ich bin auf einer toten Wanze gelegen."

„Na und? Die hat dir doch nichts mehr getan?"

„Die nicht. Aber du hättest ihre Verwandtschaft sehen sollen, die alle zum Kondolieren gekommen sind."

*

„Ich wiederum", erzählt der Niedermoser, „hab einen furchtbaren Traum gehabt. Ich hab geträumt, daß ich ein Chinese geworden bin und nach China hab' übersiedeln sollen."

„Was ist denn da so Furchtbares dran?"

„Aber, Menschenskind!" ruft der Niedermoser, „wo ich doch kein Wort Chinesisch kann!"

„Warum", fragt der Friseur, der dem Gruber die Haare schneidet, „warum tun Sie nichts gegen Ihren Haarausfall? Ich kenne Sie jetzt schon seit zehn Jahren, Herr Gruber, und ich sehe den Tag kommen, wo Sie beim Haareschneiden den Hut werden aufbehalten können..."

„Das mag alles richtig sein", sagt der Gruber, „aber dagegen gibt's eben kein Mittel. Ich hab's schon mit allerlei Essenzen versucht, aber es war alles für die Katz."

„Wahrscheinlich nicht mit den richtigen", fällt ihm der Figaro ins Wort. „Hier zum Beispiel, in diesem Fläschchen hab ich ein Salz, das garantiert wirkt."

„Aber gehn S", erwidert der Gruber verächtlich. „Das sagt ein jeder vor dem Verkauf. Wie aber wollen Sie mir beweisen, daß es auch tatsächlich was nützt?"

„Passen S auf, Herr Gruber", ereifert sich der Friseur, „meine Frau hat kürzlich einen Aal gekauft und hat ihn irrtümlich — statt mit Kochsalz — mit diesem Salz hier eingerieben. Und was glauben S? Heute trägt sie ihn noch als Boa um den Hals!"

192

Nachdem der Sägewerker Gruber seine Frau ins Spital gebracht hatte, beschloß er, sich selber zu verpflegen, und er hatte eine Menge Lebensmittel und Konservendosen aus der Stadt mitgebracht. Außerdem — das sei ruhig verraten — kochte er gern. Mittags hatte er zwar keine Zeit dazu, aber abends ...

Also abends stellte er fest, daß sich eine Menge altbackener Semmeln in der Speisekammer befanden, und da bekam er Lust auf Semmelknödel. Dazu würde er eine Gulasch-Konserve öffnen ... Pah!

Selbst ist der Mann und man darf sich von den Weibern nicht einreden lassen, wie weiß Gott unentbehrlich sie wären. Der Gruber holt also das Kochbuch aus der Kredenz, findet auch das Rezept für Semmelknödel „auf böhmische Art" und beginnt Semmeln auf kleine Würfel zu zerschneiden. Die Schüssel ist schon übervoll, da öffnet sich die Türe und sein Nachbar, der Niedermoser, kommt mit zwei Weinflaschen herein.

„Weil du so allein bist, hab' ich mir gedacht ..." beginnt der Niedermoser. Doch dann sieht er den Berg geschnittener Semmeln. „Ja, was machst denn da?" fragt er erstaunt.

„Semmelknödel", grinst der Gruber.

„Für die ganze Belegschaft?" fragt der Niedermoser.

„Naaa, für mich allein und genau nach Vorschrift. Kannst es selber lesen, wie's da herinnen im Kochbuch steht: Man schneide *drei Tage* alte Semmeln ..."

*

Graf Bobby, der total verarmt ist, arbeitet für eine Möbelfirma und wird von dieser nach Schweden geschickt, um in die moderne Verkaufstechnik eingeschult zu werden.

Wie er wieder nach Wien zurückkommt, trifft er auf der Straße seinen Freund, den Grafen Rudi.

Na, wie war's in Schweden?" begrüßt ihn dieser.

„Wundervoll", schwärmt Bobby. „Und erst die Schwedenmädeln! Also Klasse, sag ich dir. Und gescheit! Nicht zum glauben."

„Aber geh! Du hast ja nicht mit ihnen reden können, Bobby. Oder kannst du etwa schwedisch?"

„Nicht notwendig", meint Bobby. „Da hab ich kürzlich eine in der Straßenbahn kennengelernt, und weil wir grad an einem Kino vorbeigefahren sind, hab ich sie gefragt: ‚Cinema?' und sie hat genickt. So sind wir halt ins Kino gegangen. Und in der Pause hab ich ihr einen Teller, Gabel und Messer und eine Flasche Wein auf ein Stück Papier aufgezeichnet. Da hat sie wieder genickt, und wir sind in ein Restaurant zum Essen gegangen. Und nach dem Essen hat sie mir auf das gleiche Stück Papier ein Bett aufgezeichnet ... Und ich frag' dich, Rudi, wieso hat die gewußt, daß ich aus der Möbel-Branche bin?"

Der österreichische Waldbesitzer Graf Bobby war von Nachbarn zu einer Treibjagd eingeladen. Als nach Beendigung der Jagd die Strecke gezählt wurde, lagen dort neben einigen Gemsen, Rehen und Niederwild auch zwei Treiber. Der Graf erstaunt: „Dös wann i gwußt hätt! Dutzende ..."

Die amerikanische Reklame ist weitaus einprägsamer und fantasievoller. Sie bringt dem Interessenten die Ware wesentlich näher, als dies bei uns der Fall ist.

So konnte man im Fernsehen folgende Reklame-Sendung des New Yorker Platzholzhändlers S. Greene Timber & Buildingmaterials Ltd., sehen und hören:

„Sie glauben, Gentlemen, daß wir gewöhnliches Weiß- und Rotholz verkaufen? Weit gefehlt! Hier zum Beispiel sehen Sie drei gehobelte Bretter, die wir durch einen Maler bemalen ließen. Das erste Brett — ich drehe es um — wurde auf der Vorderseite marmoriert. Und wenn wir's nun ins Wasser werfen — bitte genau hinsehen — was tut das Brett, das oben schwimmen sollte? Es geht wie ein Stein unter."

„Auf das zweite Brett hat ein Maler eine Polarlandschaft hingepinselt ... Achtung! Ich halte jetzt ein Thermometer daran. Und was sehen Sie? Die Quecksilbersäule ist um zwanzig Grad gefallen! Ja, so sind unsere Hölzer!"

„Und hier — bitte — das dritte Brett stellt Mr. Rockefeller, den Gouverneur von New York dar, den sicher alle kennen, und das Bild ist so lebensecht, daß er zweimal die Woche rasiert werden muß ... Sie können

197

dabei zusehen ... please, coiffeur, und ich informiere Sie inzwischen über die weiteren hervorragenden und unerreichten Eigenschaften unserer Hölzer, die pro Kubikfuß nur um 20 Cent teurer sind als die Konkurrenz; also — genau genommen — geschenkt ..."

Der Umsatz der Firma Greene stieg gewaltig.

Zwei biedere Fremdarbeiter vom Balkan, die ihren ersten Lohn ausbezahlt bekamen, beschlossen, sich ein gutes Mittagessen in einem Restaurant in der Stadt zu leisten.

Gesagt, getan. Sie sitzen also an einem weißgedeckten Tisch und studieren die Speisekarte, die ebenso lang und für sie ebenso unverständlich ist wie eine chinesische Speisekarte. Vor ihnen auf dem Tisch steht ein Pott mit Senf, und zwar mit dem scharfen englischen Senf.

Joschka nimmt einen großen Löffel voll und steckt ihn in den Mund. Die Tränen beginnen ihm die Wangen herabzurollen.

„Worüber weinst du, Joschka?" fragt sein Begleiter.

„Ach, mir ist gerade eingefallen, daß genau vor einem Jahr mein guter Onkel Jakub gehenkt wurde", sagte dieser.

Gleich darauf steckt auch Ljuba einen guten Eßlöffel Senf in den Mund und auch ihm beginnen die Tränen die Wangen herabzurollen.

„Worüber weinst *du*?" fragt Joschka hinterlistig.

„Daß es jammerschade ist", krächzt der andere, „daß sie damals nicht auch dich gehenkt haben!"

*

Zwei Balkaneser sitzen im Zug, der nach Mittel-Europa fährt. Sie sitzen beim Fenster, die Fahrt ist lang und sie langweilen sich. Da nimmt der eine eine Laus vom Kopf und setzt sie aufs Fensterbrett. Der andere folgt grinsend seinem Beispiel und setzt gleichfalls eine Laus daneben. Die beiden Tiere krabbeln die Fenster-bank entlang, wobei die eine Laus zuerst am anderen

Ende ankommt. Ihr Besitzer nimmt sie auf und setzt sie wieder auf seinen Kopf zurück.

„Bist du verrückt, Joschka?" fragt der andere, worauf dieser erwidert:

„Verrückt? Warum? So einen guten Läufer werd' ich doch nicht weggeben!"

*

In Wien angekommen, übernachten die beiden in einem Hotel beim Südbahnhof.

Am nächsten Morgen sieht der Hoteldirektor, wie einer der beiden panikartig, die Hose beim offenen Hosenbund haltend, aus dem WC herausstürmt.

„Was ist los?" fragt der Direktor. „Funktioniert vielleicht die Wasserspülung nicht?"

„Schon", erwidert der Balkanese. „Aber einen Menschen so zu erschrecken!"

*

Diese Geschichte passierte auch noch in der alten österreichisch-ungarischen Monarchie. Da fuhr ein österreichischer Offizier, der bei einem galizischen Regiment diente, zum Urlaub heim nach Wien. Er fuhr natürlich zweiter Klasse (die damals noch vornehm war), und in dem Abteil saß — außer ihm — noch eine elegante Dame, mit der er gerne ins Gespräch gekommen wäre. Er beobachtete sie daher verstohlen, wobei ihm auffiel, daß sich die Dame ständig kratzte, obwohl sie dies geschickt zu verbergen versuchte.

„Aha, Galizien", lächelte der junge Mann in sich hinein und glaubte, hier den richtigen Anknüpfungspunkt für ein Gespräch gefunden zu haben. Er faßte sich also ein Herz und sagte:

„Verzeihung, Gnädigste, wenn ich zu fragen wage... Aber haben S in Galizien vielleicht Läuse d'rwischt?"

„No-na, Seidenraupen", erwiderte die Schöne.

*

Und zum Schluß noch für jene Holzwürmer, die jährlich zur Jagd nach Ungarn fahren, zwei Anekdoten aus der k. und k. Ungarzeit.

Ein österreichischer General inspiziert eine ungarische Kadettenschule. Er betritt ein Klassenzimmer, in dem gerade Hauptmann Fekete Deutsch-Unterricht erteilt. Der Hauptmann stellt sich stramm vor und fragt dann:

„Exzellenz befählen?"

„Lassen's ein paar deutsche Sätze ins Ungarische übersetzen, Herr Hauptmann, damit ich mich von den Kenntnissen Ihrer Zöglinge überzeugen kann."

„Befähl, Exzellenz!"

Hauptmann Fekete tritt vor die Klasse: „Aufgepaßt und bittäh zu übersetzen. Erster Satz: der Voter sitzt auf dem Baume."

Wird mühelos übersetzt.

„Zweiter Satz, bittäh: die Mutter sitzt auf dem Baume."

Wird gleichfalls übersetzt.

„Drittär Satz: die Tochtär sitzt auf dem Baume."

Das wird dem General zu viel und er sagt: „Gehn's, lassen's die unglückliche Familie auf dem Baam sitzen und geben's lieber ein Beispiel aus der Natur."

„Befähl, Exzellenz!"

Hauptmann Fekete denkt scharf nach, dann wendet er sich wieder seiner Klasse zu:

„Aufgepaßt und bittäh zu übersetzen: Der Eichgutz upste von Baumes Astes aines auf Baumes Astes anderes."

Da meint der General lächelnd: „Das, Herr Hauptmann, braucht nicht mehr übersetzt zu werden, denn das ist schon Ungarisch genug."

*

Baron Mikos von Kirilházy, Kommandeur des sechsten Hoved-Regimentes, lädt die Herren Offiziere seines Regiments zu einem Muláczag (Fest) auf sein Gut bei Temesvár ein.

Nachdem drei Tage gefeiert wurde, läßt der Oberst seine Herren am vierten Tag antreten und hält ihnen folgende Ansprache:

„Maine Herren! Daß Sie haben ausgesoffen mainen gonzen Wainkellär und zertrümmert alle Flaschen und Wain-Fasseln — schöön — sag' ich nix, vail Muláczag muß sein."

„Daß Sie haben verprügelt maine Knechte und vergewaltigt maine Mägde, sag' ich auch nix, denn Muláczag muß sein."

„Daß alle Herren, von Oberlaitnant abwärts, haben geschlafen mit mainer Frau, ist — bittaschön — nicht in Ordnung. Aber hab ich Sinn für Humor und Muláczag muß sain."

„Daß aber so ain verdammter Schwainehund sich hat ausgewischt Hintern mit main Kappl ärarisches (Ärarische Dienstkappe) dos, maine Herren, geht zu weit. Abtreten!"

HUBERT GLATZ, der alte Holzwurm, ist wirklich nimmer jung. Er stammt noch aus dem vorigen Jahrhundert und hat die Entwicklung von der Pferdedroschke bis zur Mondrakete mitgemacht. Er kann sich noch an Zeiten erinnern, wo ein kleines Gulasch acht Kreuzer gekostet hat und angeblich wesentlich besser war als der heutige gegrillte Schlangenfraß. Er ist in der mährischen Slowakei aufgewachsen, die damals noch ein Teil Alt-Österreichs war, und entstammt einer Familie, die väterlicher- wie mütterlicherseits Forstleute für den Dienst des Fürsten Liechtenstein stellte. Der Fürst von Liechtenstein, heute noch ein reicher Mann, besaß damals Güter, die von Schlesien bis in die Steiermark reichten, und eine Unzahl von Schlössern, die ebenso unergiebig waren wie die Wüste Gobi. In einem dieser Schlösser, in der Nähe von Olmütz, kam unser Holzwurm zur Welt; und da die meisten dieser Schlösser damals noch mit Buchenscheitern geheizt wurden, die in offenen Kaminen glosten, sind seine Kindheitserinnerungen auch stark unterkühlt.

Nach Absolvierung der Mittelschule und des ersten

Weltkrieges inskribierte unser Holzwurm an der Hochschule für Welthandel in Wien. Er liebte Wien und hoffte die vier Jahre dort leicht durchzustehen. In der Zwischenzeit hatte sich aber die Welt verändert und sein niederösterreichisches Heimatstädtchen Feldsberg, wo das Haus seiner Väter stand, war im Mai 1920 von den Tschechen besetzt worden; ein Schlag, dessen katastrophale Folgen sich erst später einstellen sollten. Damals nahm er die Sache nicht tragisch, optierte für sein geliebtes Wien, wurde aber dadurch auf eigene Beine gestellt, und in den zwanziger Jahren war es nicht leicht, zu studieren und eine Arbeit zu finden, die einen über Wasser hielt, denn inzwischen fiel der Welt eine neue Überraschung ein: die Arbeitslosigkeit. Wer damals kein Geld und keine Beziehungen hatte, wanderte am besten aus, und so kam unser Autor — mehr durch Zufall, als durch eigenes Verdienst — in die Holzbranche, der er seither treu blieb, nach Amsterdam. Doch nicht lange gönnte ihm sein unstetes Schicksal die üppigen, holländischen Fleischtöpfe. Im Jahre 1925 finden wir ihn schon in Prag und kurze Zeit später im Böhmerwald, wo er's am längsten aushielt, wo er heiratete und wo auch seine Tochter Melitta zur Welt kam.

Das inzwischen hereingebrochene „Dritte Reich" machte dieser ruhigen Entwicklung ein Ende, und als er nach Prag zurückkehrte, war's schon in gehobener Stellung. Und es fiel ihm auch nach dem Umsturz des Jahres 1945 nicht schwer, in Österreich eine gute Position zu finden. Im Jahre 1953 machte er sich als Holzexporteur selbständig — wer hätte etwas anderes erwartet — und hat in der Zwischenzeit ganze Wälder nach Arabien, Nord- und Ost-Afrika exportiert.

Sie sehen, ein normales, vielleicht ein typisches Schicksal für einen ambitionierten Holzwurm des 20. Jahrhunderts. Das Abnormale liegt nur darin, daß unser Holzwurm in seiner spärlichen Freizeit Geschichten schreibt, Geschichten aus seinem Leben, gewürzt mit dem Humor eines Demokritos und der leisen Selbstironie, welche nicht nur den Angelsachsen, sondern auch den meisten Österreichern gegeben ist.

Es ist das dritte Buch des alten Holzwurms und alle haben bisher Anklang gefunden, weil das Ungekünstelte und durchaus Menschliche darin einen jeden anspricht. Und — das kann ich Ihnen versprechen — langweilig werden Sie die Lektüre nicht finden!

Bamberg, im September 1971   Johann Wondrousch

INHALT

Gegenfeuer 9

Die Spreißelholzgeschichte 73

Expertisen 91

Die klugen Ameisen 99

Eine Orientschwalbe, die noch keinen Sommer
macht 103

Das abenteuerliche Inkasso 111

Dumpingpreise 121

Witze und Anekdoten: 139

   Werbeslogan 140

   Die Mäuse und das Eichenfaß 141

   Die Fee 143

   Gewüßt, wohin 145

   Das Zuckerl-Geschäft 147

   Der Spahi 149

   Witze zum Weitererzählen 153